Auf Entdeckungstour durch Nordrhein-Westfalen

Thomas Rosteck

WUNDERSCHÖN!

Auf Entdeckungstour durch Nordrhein-Westfalen

belser   WDR

Abbildungen Umschlag
Vorderseite oben: Tal der Wupper © Christian Olsen; *unten:* Blick auf Köln © S. Borisov; *Rückseite (v.l.n.r.) oben:* Radler an der Burg Vischering © Münsterland e.V.; Wupper © Wupper-Kanu-Touren; Mit dem Ultraleichtflieger über das Sauerland © Christoph Bayer; Zeche Zollverein © Jochen Tack / Stiftung Zollverein; Externsteine Teutoburger Wald © Daniel Schwen; *Mitte:* Müngstener Brücke © Hergen Weyrich; Prinzipalmarkt Münster © Bruno Hessmann; GHW Klettergarten © GHW-Klettergarten; Düsseldorf © Düsseldorf Marketing & Tourismus GmbH; Tecklenburg © Arthur Mahlmann; *unten:* © WDR / Annika Fußwinkel; © WDR / Frank Dicks

Abbildungen Innen
S. 2 (Frontispiz): Gourmet-Meile, Zeche Zollverein © Frank Vinken / Stiftung Zollverein
S.6: Rheinpromenade Düsseldorf
S. 10–11: Das Weinfelder Maar
S. 28–29: Düsseldorf
S. 62–63: Steffenshammer, Remscheid
S. 82–83: Winter im Sauerland
S. 112–113: Extraschicht, Zeche Zollverein
S. 136–137: Blick auf Rees
S. 158–159: Hermannsdenkmal
S. 170–171: Schloss Nordkirchen

Bibliografische Information der Deutschen Nationalbibliothek
Die Deutsche Nationalbibliothek verzeichnet diese Publikation in der Deutschen Nationalbibliografie; detaillierte bibliografische Daten sind im Internet über http://www.dnb.d-nb.de abrufbar.

© 2015 Chr. Belser Gesellschaft für Verlagsgeschäfte GmbH & Co. KG, Stuttgart, für die deutschsprachige Ausgabe.
© 2015 WDR, Köln
Agentur: WDR mediagroup GmbH

Redaktion: Dirk Zimmermann
Bildrecherche: Linda Weidenbach
Gestaltung und Produktion: Verlagsbüro Wais & Partner, Stuttgart, Rainer Maucher
Druck und Binden: Print Consult, München

Alle Rechte vorbehalten. Ohne vorherige schriftliche Genehmigung des Verlages ist es nicht gestattet, dieses Werk – auch nur auszugsweise – in Daten- und Informationssysteme einzuspeichern oder auf mechanische, elektronische oder sonstige Weise in irgendeiner Form zu vervielfältigen, zu verbreiten oder zu senden.

www.belser.de

ISBN 978-3-7630-2693-7

Inhalt

8 Vorwort

10 Die Eifel
12 Kargheit im Überfluss – Der Eifel kalte Schulter
19 Die Perlen der Eifel – Die Oberperle an der Rur

28 Das Rheinland
30 Im Land der Drachen – Das Siebengebirge
35 Ums Feiern kommt man nicht herum … – Köln
51 Die Rauschende – Düsseldorf

62 Im Tal der Wupper
64 Mehr als eine Kette von Bahnhöfen – Wuppertal
70 Die Wiege stand an der Wupper – Industriekultur
76 Das Geschenk des Zwergenkönigs – Die Wupper

82 Das Sauerland
84 Winterspaß in Ebbe- und Rothaargebirge
91 Sauerland-Fernwanderwege: Der Rothaarsteig
101 Sauerland-Fernwanderwege: Der Sauerland-Höhenflug

112 Das Ruhrgebiet
114 Im Schatten der Schlote – Industriekultur an der Ruhr
123 Paradiese im Pott – Die Freizeitregion Ruhrgebiet
132 Immer mit der Ruhr – Von der Quelle bis zur Mündung

136 Der Niederrhein
138 Tief im Westen … liegt der Selfkant
145 Weiter Himmel – grünes Land. Der Niederrhein

158 Teutoburger Wald
160 Auf dem Hermannsweg durch Ostwestfalen

170 Das Münsterland
172 Ein Tatort der Superlative – Münster
180 Das Burgenland Westfalens

Vorwort

Dieses Buch folgt den Spuren unserer „Wunderschön!"-Sendungen durch Nordrhein-Westfalen und zeigt die landschaftliche Schönheit und kulturelle Vielfalt dieses Bundeslandes. Wir wandern im Sauerland und in der Eifel, wir fahren Rad im Münsterland, erobern mit dem Kanu die Ruhr oder rollen mit der Draisine auf historischen Bahngleisen. Nordrhein-Westfalen ist reich an historischen Kleinoden, ob am Niederrhein oder im Ruhrgebiet, wir haben die großen und kleinen Lieblingsorte und die touristischen Highlights unseres Bundeslandes besucht. Entdecken Sie mit uns NRW von seiner wunderschönen Seite!

„Wunderschön!" ist seit 2004 am Sonntagabend um 20.15 Uhr im WDR-Fernsehen das Alternativprogramm zu Tatort, ZDF-Herzschmerzgeschichten und Spielfilmen bei der kommerziellen Konkurrenz. Die Sendung soll wie dieses Buch Lust aufs Reisen machen, die Neugier auf Neues und Unbekanntes wecken und den Blick für respektvolles, nachhaltiges Reisen schärfen.

Die Moderatoren erkunden schöne Landschaften, urige Dörfer und spannende Städte, sie begegnen interessanten Menschen, tauchen ein in die (Alltags-)kultur, besuchen touristische Highlights genauso wie eher unbekannte, weiße Flecken und würzen sie mit persönlichen Tipps und Hinweisen. Sie treffen prominente, interessante und bisweilen skurrile Menschen, die Einblicke in die besondere Mentalität der Region geben und manchmal auch den einen oder anderen Geheimtipp verraten. Nahezu Kultstatus hat unser roter Rucksack erreicht, der auf jeder Reise mit originellen und nützlichen Reiseandenken gefüllt wird. Am Schluss einer jeden Sendung wird er ausgepackt und bietet damit immer auch einen klei-

nen Rückblick auf Gesehenes und Erlebtes. Die vielen tausend Einsendungen unserer Zuschauer, verbunden mit der Erwartung, diesen Rucksack zu gewinnen, zeigen uns immer wieder, wie aufmerksam die Sendung zu Hause am Bildschirm verfolgt wird.

Tamina Kallert moderiert die Sendung seit 2004. Wegen der Geburt ihres ersten Kindes benötigte die Sendung einen zweiten Reiseführer. Seit 2009 moderiert auch **Stefan Pinnow** „Wunderschön!". 2011 kamen **Andrea Grießmann** und **Katty Salié** dazu. Seit 2014 sind für „Wunderschön!" Tamina Kallert, Stefan Pinnow und Andrea Grießmann in nah und fern für unsere Zuschauer auf Entdeckungstour.

Richard Hofer
Redaktion „Wunderschön!"

Die Eifel

Kargheit im Überfluss
Der Eifel kalte Schulter

„Du bist rau, Du bist kalt, bist Millionen Jahre alt."

Prägnanter als die Mechernicher Mundart-Gruppe „Wibbelstetz" hat wohl noch kein Eifler die eigene Heimat charakterisiert. Wibbelstetz, aus dem Eiflischen ins Deutsche übersetzt, heißt so viel wie Wackelschwanz und der wiederum ist doch eigentlich ein Ausdruck der Freude, oder? Doch der Reihe nach, natürlich hat die Eifel raue Seiten, kann sehr kalt werden und dass sie auf eine Millionen Jahre alte Geschichte zurückblicken kann, ist auch erwiesen. Vielleicht entspringt es ja dem Naturell des Eiflers, eher skeptisch mit den Reizen der eigenen Region umzugehen, oder will man Besucher schlichtweg abschrecken? Das gelingt seit vielen Jahren schon nicht mehr. So rau die Schale der Eifel und ihrer Bewohner und so kalt ihre Schultern auch manchmal sein mögen, die Region im Westen Nordrhein-Westfalens zählt zu den beliebtesten Naherholungsgebieten der Republik.

Das größte blaue Auge ...

Blaue Augen der Eifel, gemeint sind damit die Seen und Maare der Eifel. Spätestens bei der Betrachtung aus der Luft wird klar, warum sich dieser Vergleich aufdrängt. Die Eifel kommt dabei nicht mit einem blauen Auge davon, es sind gleich mehrere. Orientiert man sich an der Größe und an der Beliebtheit, führt der erste Weg in der Eifel an die Gestade des Rursees bzw. der Rurtalsperre. 1938 zur Trinkwasserversorgung der Region um Aachen und Heinsberg errichtet, ist der Rursee mit mehr als 200 Millionen Kubikmetern Wasser der zweitgrößte Stausee Deutschlands. Rein statistisch betrachtet kommen damit 200 Kubikmeter Wasser auf jeden Besucher, denn etwa eine Million Erholungsuchende zählt man am Rursee jährlich. Eingebettet zwischen die für die Eifel berühmten Buchenwälder ist der Rursee ein Dorado für Wassersportler aller Art, lediglich der Obersee ist tabu. Vielleicht ist die rund einstündige Schifffahrt auf dem Rursee genau der richtige Einstieg in die Eifel. Mit Elektromotoren betrieben stört kein künstliches Geräusch das Erleben auf dem Wasser. Ruhe auf der Rur.

Der Rursee ist der zweitgrößte Stausee Deutschlands

Tief und tiefblau: das Pulvermaar bei Gillenfeld

re haben die Eifel unter Touristen beliebt und unter Geologen zum begehrten Forschungsobjekt gemacht. Die Vulkaneifel, die sich ausschließlich im rheinland-pfälzischen Teil der Eifel erstreckt, ist keineswegs eine Beschreibung der Vergangenheit. Ernstzunehmende Kenner sprechen davon, dass die Eifel und ihre Vulkane nur schlafen. Allerdings, und auch das ist wissenschaftlich untermauert, deutet nichts darauf hin, dass die Eifel bald aufwacht. Welche Naturgewalten hier einst getobt haben, kann man bei einem Ausflug zur Wingertsbergwand bei Mendig oder zu den Basaltsäulen der Ettringer Lay ermessen. Eindrucksvoll ist auch der Weiberner Steinbruch, Gestein wie Großmutters Blätterteig.

... und die blauen Äuglein

Nach dem großen blauen Auge nun zu den blauen Äuglein, den Maaren. 75 davon gibt es in der Eifel, aber nicht alle führen Wasser wie etwa das reizvoll gelegene Pulvermaar bei Gillenfeld. Still und starr ruht das Maar, dabei hat das rund 20 000 Jahre alte Gewässer wie alle Maare eine sehr bewegte Geschichte hinter sich. Maare entstehen, wenn flüssiges Magma an die Oberfläche gepresst wird und dort auf Wasser trifft. Es kommt zu zum Teil enormen Explosionen, bei denen Teile der Erdoberfläche regelrecht weggesprengt werden. Dabei werden erhebliche Sprengtiefen erreicht, so ist das Pulvermaar nicht nur das größte seiner Art, sondern mit 70 Metern Wassertiefe auch das tiefste. Stille Wasser gründen tief, stille Maare mindestens genauso. Ihre Maa-

Tipp von Tamina

Wer noch nie an einem Maar war, dem ist es schwer zu erklären. Ich jedenfalls finde, dass von den tiefen „Äuglein der Eifel" nicht nur wegen der tollen Landschaft eine besondere Wirkung ausgeht. Diese Wirkung kann man fast magisch nennen. Dass ich mit dieser Erfahrung nicht allein stehe, beweisen die zahllosen Sagen und Märchen, die man sich bis heute in der Eifel erzählt. Lassen Sie sich doch am Weinfelder Maar, das man auch Totenmaar nennt, einmal die Geschichte des mildtätigen Grafen und seiner hartherzigen Gemahlin erzählen. Ich kriege jetzt noch eine Gänsehaut!

Kraftvoll und anmutig

Etwas lauter, dabei aber durchaus anmutig geht es im Heimbacher Kraftwerk zu. Das Kraftwerk liegt nicht direkt an der Rurtalsperre, aber so nah, dass sich ein kleiner Abstecher hierher mehr als lohnt. Von außen wirkt das weiße Gebäude eher wie ein Kurhaus der vornehmeren Art, ist aber ein Speicher-Wasserkraftwerk im Jugendstil. Bei seiner Errichtung 1905 war es mit einer Leistung von 12 Megawatt sogar das größte seiner Art in ganz Europa! Auch wenn es diesen Rang zwischenzeitlich eingebüßt hat, das schönste dürfte es bis heute sein! Mittlerweile wird hier nicht nur Strom produziert, sondern bei dann abgeschalteten Turbinen werden auch Konzerte veranstaltet. Ein bisschen Kurhaus ist das Kraftwerk also doch geworden!

Jugendstil-Wasserkraftwerk
Rureifel-Tourismus-Zentrale Heimbach
Am Eichelberg 6
52396 Heimbach-Hasenfeld
Tel.: (0 24 46) 80 57 911
www.rureifel-tourismus.de

Kraftwerk und Kurhaus: das Wasserkraftwerk Heimbach

Wo Fels und Wasser Dich begleiten ...

Geführte Wanderungen führen durch den Nationalpark Eifel und die Vulkaneifel

... so lautet die Philosophie des Eifelsteigs, einem der längsten Fernwanderwege Deutschlands. Der 313 km lange Wanderweg führt von Aachen im Norden über das Hohe Venn, vorbei am bereits erwähnten Rursee quer durch den Nationalpark Eifel und die Vulkaneifel. Er endet am südlichen Rand der Eifel in Trier. Neben den landschaftlichen Reizen verbindet der Eifelsteig eine Reihe von Orten, die jeder für sich einen Besuch wert sind und in diesem Band an anderer Stelle besonders gewürdigt werden (siehe Monschau). Die Eifel steht nicht nur für Vulkane und Maare, sie steht auch für weitläufige Buchenwälder und im Nationalpark Eifel für wirklich unberührte Natur. So lässt sich auf dem Eifelsteig binnen weniger Kilometer wirklicher Urwald erleben und kurz darauf eine Gegend, die nicht von ungefähr „Eifel-Amazonas" genannt wird. In der Tat wirkt der Urftsee mit seinen Ausläufern wie der Amazonas. Wer nicht die gesamten 313 km des Eifelsteigs absolvieren möchte, für den gibt es sozusagen einen „Eifelsteig light". Der Wildnis-Trail ist ein 85 km langer Wanderweg, der die spektakulärsten Landschaften und viele Sehenswürdigkeiten bietet. Weites Grasland und Narzissenfelder, Seen- und Flusslandschaften in vier Tagesetappen gut zu schaffen.

Nationalpark Eifel
Urftseestraße 34
53937 Schleiden-Gemünd
Tel.: (0 24 44) 95 10 0
www.nationalpark-eifel.de

Tipp von Tamina

Die Eifel hat zu jeder Jahreszeit ihren Reiz. Wenn Sie den Nationalpark Eifel im Frühling besuchen, werden Sie dort ein einmaliges Naturschauspiel erleben können, da nämlich in den Bachtälern Millionen von Wildnarzissen blühen. Ich war regelrecht geblendet von der gelben Blütenpracht!

Kargheit kann auch reizvoll sein. An morastigen Stellen führen beplankte Wege durch die Eifel.

Kargheit von Menschenhand

Von Monschau aus nach Westen bis weit über die belgische Grenze hinaus erstreckt sich das Hohe Venn. Der Begriff Venn stammt aus dem Niederländischen; Veen bedeutet Moor und so ist das Hohe Venn in der Tat eines der letzten Hochmoore Europas und genießt besonderen Schutz. Das 2700 Quadratkilometer große Areal verbindet die Bundesländer Nordrhein-Westfalen und Rheinland-Pfalz mit Belgien. Jahrhundertelang hat der Mensch hier dem Boden Wasser entzogen und so Torf gewonnen, das als Brennmaterial buchstäblich heiß begehrt war. Neben dem bereits erwähnten Eifelsteig, der das Hohe Venn durchquert, sind zahlreiche Wander- und Erlebnisrouten ausgeschildert, einige von ihnen sind kilometerlang mit Holzplanken versehen, einerseits um die Vegetation vor dem Zertrampeln zu schützen, andererseits um das Wandern und Spazierengehen hier überhaupt zu ermöglichen. Das Hohe Venn weist dabei nur kargen Bewuchs auf, bei einem Wasseranteil im Boden von bis zu 90 Prozent können nur niedrige Büsche und Sträucher gedeihen. Außerdem findet man immer wieder Farne und Gräser. Das Hohe Venn erreicht Mittelgebirgslagen, in Höhen von 600 bis 700 Metern ist im Winter Skilanglauf möglich. Über die Zukunft des bedeutendsten Hochmoores Mitteleuropas braucht man sich übrigens kaum Sorgen zu machen, das Moor wächst, jedes Jahr um einen Millimeter!

Naturpark Nordeifel e.V.
Bahnhofstraße 16
53947 Nettersheim
Tel.: (0 24 86) 911117
www.naturpark-eifel.de

Geschichte und Geschichten

Von Sagen und Mythen war schon die Rede, die Eifel bietet aber auch reale Geschichte und Geschichten. Eines der dunkelsten Kapitel deutscher Geschichte hat auch in der Eifel Spuren hinterlassen. Bis heute unübersehbar ist die im Volksmund so getaufte „Ordensburg Vogelsang", für die 1934 als „Reichsschulungslager" der erste Spatenstich in Eifeler Boden vorgenommen wurde. Die weitläufige, festungsartige Anlage mit drei Gebäudekomplexen sollte Schule und Heimstatt für den nationalsozialistischen Nachwuchs sein. Bis Kriegsausbruch 1939 diente Vogelsang tatsächlich diesem Ziel, dann wurde die mächtige Anlage von der Wehrmacht als Truppenlager benutzt. Nach dem Krieg übernahmen zunächst die Briten das Gelände, bis dann ab 1950 die belgischen Streitkräfte das Areal als Kaserne und Truppenübungsplatz nutzten. 2006 wurden die Gebäude an die Bundesrepublik zurückgegeben und werden seitdem aufwändig restauriert. Neben einem Besucherzentrum, das über den historischen Hintergrund informiert, soll hier zukünftig das Infozentrum des Nationalparks Eifel seine Heimat finden.

Vogelsang ip gemeinnützige GmbH
Kulturkino vogelsang ip
53937 Schleiden
Tel.: (0 24 44) 915 79-0
www.vogelsang-ip.de

Tipp von Tamina

Es ist immer zweischneidig, bauliche Relikte des Nationalsozialismus als Besuchsziel zu empfehlen. Ich tue es in diesem Fall trotzdem. Zum einen informiert das Besucherzentrum wirklich fundiert und beeindruckend über das, was auf der Ordensburg damals mit jungen Menschen passierte, andererseits flößt einem die Anlage schon Respekt ein. Dabei gingen die irrwitzigen Pläne für die Bebauung des Geländes noch viel weiter. Neben den größten Sportstätten Europas sollte hier mitten in der Eifel ein 100 mal 300 Meter Grundfläche (!) messendes Gebäude errichtet werden, das „Haus des Wissens".
Gut zu wissen, dass es dazu nicht mehr kam.

Beeindruckend und beunruhigend zugleich, die „Ordensburg" Vogelsang

Das Land der wilden Tiger

Von den geologischen Besonderheiten und den landschaftlichen Reizen der Eifel war schon die Rede. Buchenwälder und Narzissen, die Eifel bietet aber auch in puncto Fauna Besonderes. So empfiehlt sich ein Besuch des Wildparks Hellenthal, der auf 60 Hektar Fläche zahlreichen heimischen Wildtieren ihr geschütztes, aber eben nicht eingeengtes Lebensumfeld bietet. Dam- und Rotwild, Waschbären und Füchse, Wildpferde und Marderhunde lassen sich hier beobachten. Besonders zu erwähnen sind Wildkatzen, auch „kleine Eifeltiger" genannt. Mit rund 1000 Tieren hat die Eifel eine der größten frei lebenden Populationen überhaupt.

Einmal in Hellenthal lohnt sich ein Besuch der Greifvogelstation. Nichts gegen Weißkopfadler, Bussard, Milan oder Falke, Star des fliegenden Ensembles ist aber der mächtige Andenkondor Santiago, der als flugfaulster und dabei vermutlich meistgefilmter Vogel der Welt gelten darf. Trotz mehrfacher Flugübungen aus Ballons und Zeppelinkanzeln, Santiago geht lieber zu Fuß!

Greifvogelstation Hellenthal
Am Wildgehege 1 • 53940 Hellenthal
Tel.: (0 24 82) 72 40
www.wildgehege-hellenthal.de

Alles andere als Sibirien

„Rheinisch Sibirien" ja sogar „Preußisch Sibirien": mit diesen nicht wirklich schmeichelhaften Namen wurde die Eifel einst belegt. Weil sie so rau ist und manchmal auch so kalt, kam es vermutlich zu diesem Namen. Die Eifler selber gehen mit diesem Namen eher gelassen um. Sie wissen, was sie an der Eifel haben, und dass das mit Sibirien wenig zu tun hat, wissen sie auch.

Die Perlen der Eifel
Die Oberperle an der Rur

Eine Perle der Eifel darf sich sogar offiziell so nennen: Monschau. Die östliche Pforte zum Hohen Venn lockt alljährlich viele Besucher, die einen Bummel durch die romantischen Gassen des historischen Stadtkerns machen. Gassen, die von schmucken Fachwerkhäusern gesäumt werden, aber auch von durchaus prächtigen Bürgerhäusern. Das wohl bekannteste und sicher meistfotografierte Haus Monschaus ist das Rote Haus. Es versinnbildlicht die Geschichte der Stadt als das Eifler Zentrum der Tuchmacherkunst, gehörte es doch der angesehenen Tuchmacherfamilie Scheibler. Johann Heinrich Scheibler ließ es 1752 als Wohn- und Geschäftshaus erbauen und es gelang, die ursprüngliche Einrichtung bis heute zu erhalten. Das Mobiliar aus dem Rokoko und Empire, die kunstvollen Seidentapeten und die kostbaren Gobelins lassen ahnen, wie wohlhabend die hier ansässig Tuchmacherfamilie einst war. Wohnen und arbeiten unter einem Dach, im Roten Haus finden sich bis heute die historischen Kontorräume mit original erhaltenen Musterbüchern. Mehr als 6000 Stoffdekore gingen einst von Monschau aus in die halbe Welt. Auf dem Marktplatz finden sich Figuren, die die einzelnen Gewerke der Tuchmacherei zeigen. Neben dem Weber findet sich auch ein Scherer. Glaubt man dem heutigen Volksmund, ist er in erster Linie die Symbolfigur dafür, dass man sich in der Eifel um nichts schert.

Monschau Touristik GmbH
Stadtstraße 16
52156 Monschau
Tel.: (02472) 80480
www.monschau.de/touristik

Die Perle der Eifel: Monschau

Monschau von seiner schärfsten Seite

Nicht nur sauer macht lustig ...

... scharfer Senf tut's auch.

Seit mehr als 100 Jahren treibt es zumindest einigen Monschauern bei ihrem Broterwerb die Tränen in die Augen, und zwar weniger wegen des kargen Ertrages als vielmehr wegen der ätherischen Öle, die in der Monschauer Senfmühle beim Mahlen der Senfpflanzen freigesetzt werden. In fünfter Generation produziert die Monschauer Familie Breuer hier Senf. Zunächst nach Düsseldorfer Rezept entwickelten die Breuers immer neue Geschmackskreationen. Zum Ursenf gesellten sich 20 weitere Sorten: Estragon- oder Tomatensenf, Feige, Ingwer oder Ananas, es gibt scheinbar nichts, zu dem die Breuers nicht ihren Senf dazugeben können. Seit Neuestem bietet die Monschauer Senfmühle sogar Biersenf. Neben dem Ausbau der Produktion, in der Elektromotoren das gute alte Wasserrad mit Transmissionsriemen ersetzt haben, hat man das Unternehmen auch zu einem touristischen Magneten der Perle der Eifel gemacht. Mehrmals in der Woche finden Führungen statt, bei denen den Besuchern wie vor 100 Jahren die Tränen in die Augen schießen.

Historische Senfmühle Monschau
Laufenstraße 118
52156 Monschau
Tel.: (0 24 72) 22 45
www.senfmuehle.de

Eine zweifellos kriminelle Gegend

Liegt es an der magischen Anziehungskraft der Maare? An den mächtig rauschenden Buchenwäldern? An den kahlen Höhen eines der letzten Hochmoore Europas? Etwa an den zunächst vielleicht etwas in sich gekehrt wirkenden Eiflern, die angeblich erst 15 Tage nach der Geburt überhaupt die Augen öffnen? Es fällt jedenfalls auf, wie kriminell die Eifel ist, literarisch versteht sich. Mit Jacques Berndorf lebt und arbeitet einer der aktivsten deutschen Krimi-Schriftsteller in der Eifel. Berndorf, bürgerlich Michael Preute, darf mit als Wegbereiter und Erfinder des Regionalkrimis angesehen werden. Seine Bücher sind immer auch ein Stück Beschreibung seiner Wahlheimat und deren Bewohner. Jacques Berndorf und Ralf Kramp sind zwei der Autoren, die die Eifel „kriminell" bekannt gemacht haben. In Hillesheim lässt sich diese Kriminalität hautnah erleben. Rund um den mittelalterlichen Stadtkern kreist vieles um die kriminelle Eifel. Autor und Verleger Ralf Kramp hat in einem Haus den berühmtesten Detektiven von Sherlock Holmes bis Miss Marple ein Denkmal gesetzt. Unter anderem findet der Krimifreund hier 30000 Kriminalromane.

Für Krimifreunde sicherlich ein Muss ist die Übernachtung im Krimihotel. Auch wenn es die Themenzimmer um Hitchcock, Derrick und Kommissar Maigret anders vermuten lassen, in keinem der geschmackvoll eingerichteten Zimmer ist je ein Mord verübt worden!

Krimifreunde können im benachbarten Krimihotel übernachten.

Kriminalität zum Drin-Wohlfühlen ... im Krimihotel

Kriminalität straffrei ... im Kriminalhaus Hillesheim

Ausflug in die alte Welt

Im Rheinischen Freilichtmuseum Kommern laden 65 historische Gebäude aus dem gesamten Rheinland und natürlich auch aus der Eifel zum Spaziergang in die Welt von gestern. Hand- und hufgemachte Landwirtschaft lässt sich hier erleben, bevor Melkroboter und GPS-gesteuerte Hightech-Traktoren aus Bauernhöfen Agrarwerke machten. Es wird geschmiedet und gedrechselt, gebacken und gemahlen wie in der guten alten Zeit, die vor allem eine sehr anstrengende und arbeitsintensive war. Zu den kulturell-historischen Genüssen kommen eine Vielzahl von leiblichen. So bietet der Gasthof zur Post innerhalb des Museums selbstverständlich auch Eifeler Ähzezupp mit Bockwursteinlage und einen deftigen Murrepott mit Mettwurst. Appetit bekommen auf das Freilichtmuseum Kommern?

LVR-Freilichtmuseum Kommern
Eickser Straße
53894 Mechernich-Kommern
Tel.: (02443) 99800
www.kommern.lvr.de

Tipp von Tamina

Das Freilichtmuseum Kommern ist auf jeden Fall einen ganztägigen Ausflug wert, denn es gibt dort wirklich viel zu sehen und zu erleben. Im Zweifelsfall sollten Sie sich im Internet über Sondervorführungen informieren. Ich empfehle außerdem eines der jüngsten „Kinder" des Museums: die Ausstellung „WIR RHEINLÄNDER", in der das Alltagsleben der Rheinländer und ihre Geschichte von der Zeit Napoleons bis in die 1950er-Jahre gezeigt werden. Ich hatte das große Vergnügen, von dem Kölner Kabarettisten Jürgen Becker durch die Ausstellung geführt zu werden, ein herrlicher Spaß! Jürgen Becker werden Sie in Kommern wahrscheinlich nicht leibhaftig begegnen, seinem Gesicht und seiner Stimme aber schon! Lassen Sie sich überraschen!

Oft belagert – nie erobert

140 Burgen gibt es in der Eifel, viele davon sind allerdings kaum mehr als Ruinen. An eine Burg aber ragt buchstäblich keine andere heran: die Burg Eltz bei Münstermaifeld. Sie sei oft belagert worden, aber sie zu erobern habe niemand geschafft, wissen die Historiker. 500 Jahre Bauzeit, 800 Jahre im Familienbesitz derer zu Eltz, die beeindruckende Wohnburg wartet mit vielen Superlativen auf. Abertausende von Besuchern aus der ganzen Welt kommen jedes Jahr in die Eifel, um hier eines der prunkvollsten Relikte des Mittelalters zu bestaunen. Die Schätze der Burg Eltz sind dabei zuweilen etwas unscheinbar und lassen sich am besten bei einer Führung erkunden. So erfährt man unter anderem, was es mit der Schweigerose über dem Bett auf sich hatte und warum man unter der Büste eines Narren ungestraft vom Leder ziehen konnte. In der Schatzkammer schließlich werden so erlesene wie skurrile Kostbarkeiten wie der Dukatenscheißer und die Kokos-Sau gehütet. Die kostbarste Visitenkarte der Burg gibt es leider nicht mehr, zierte doch die trutzige Burg Eltz einst den 500 Mark-Schein.

Einbauküche anno dazumal

Schlichter Prunk zu Speis' und Trunk

Nur als Banknote einst „einnehmbar": Burg Eltz

Das größte Ohr der Eifel

Das größte Ohr der Eifel und das zweitgrößte Ohr der Welt horcht seit mehr als 40 Jahren von der Eifel aus in den Weltraum. Das Radioteleskop auf dem Effelsberg in Bad Münstereifel wurde 1972 in Betrieb genommen und war mit einem Spiegeldurchmesser von 100 m lange Jahre das größte seiner Art. Das Teleskop kann Radiowellen aus einer Entfernung von bis zu 12 Milliarden Lichtjahren empfangen. Sollte es irgendwo in entfernten Galaxien intelligente Wesen geben, die in der Lage sind, Radiowellen zu erzeugen, wären die Eifler mit die Ersten, die davon erfahren.

Radioteleskop Effelsberg
Max-Planck-Institut für Radioastronomie
Max-Planck-Straße 28
53902 Bad Münstereifel
Tel.: (02257) 301101
www.mpifr-bonn.mpg.de/effelsberg

Springbrunnen mit Zeitschaltuhr? Der Brubbel

Brubbel, Bombe, Mausefalle

Die Eifel ist reich an kleinen Museen und Sammlungen, vor allem aber reich an kleinen, aber durchaus spannenden Attraktionen. Der Brubbel, dahinter verbirgt sich ein Kaltwassergeysir in Wallenborn. Der „wallende Born" gab seinem Heimatort gleich den Namen. Aus einem künstlich angelegten Erdloch schießt pünktlich alle 35 Minuten ein bis zu vier Meter hoher Wasserschwall. Etwa fünf Minuten lang sprudelt diese Fontäne aus stark CO_2-haltigem Wasser, bis sie dann wieder verschwindet und nur ein leichtes Blubbern bleibt. Was bleibt, ist auch der Geruch, denn durch die Ausbrüche tritt neben anderen Gasen auch Schwefelwasserstoff aus, der stark an den Geruch fauler Eier erinnert.

Bei der Lavabombe in Strohn handelt es sich um eine Steinkugel von rund fünf Meter Durchmesser, die bei Sprengungen in einem Steinbruch aus einem Kraterwall buchstäblich herausgefallen war. Die Entstehung der Kugel lässt sich mit der Formung eines Schneeballs vergleichen. Während eines Vulkanausbruchs fiel ein Brocken von der bereits erkalteten Kraterwand zurück in den Schlot. Flüssiges Magma blieb an ihm hängen. Beim nächsten Ausbruch wurde diese Kugel dann wieder an den Kraterrand zurückgeworfen und fiel schließlich erneut in die flüssigen Steinmasse. Dies wiederholte sich so oft, bis die Kugel auf ein Gewicht von rund 120 Tonnen angewachsen war und in der Kraterwand endgültig steckenblieb. So endgültig, bis 1969 Menschen im Steinbruch die Kugel aus Versehen aus ihrem Gesteinsbett sprengten. 1981 wurde sie schließlich an ihren heutigen Ort transportiert, wo sie als einzige Bombe der Welt für jeden zugänglich ist. Gott sei Dank! Ob die Einwohner von Neroth auf ihre sehr ungewöhnliche Geschäftsidee kamen, weil sie den Mäusen zuschauten, die sich in den Speisekammern Brandblasen an den Füßen liefen, das ist nicht überliefert. Fest steht, dass zu Beginn des 19. Jahrhunderts die Lebensbedingungen in der Eifel alles andere als rosig waren, es wurde gehungert. Im kleinen Ort Neroth stellte man einen der ersten Business-Pläne der Welt auf. Draht war zu kriegen, handwerkliches Geschick hatten die Nerother von Hause aus und so musste man nur noch ein Produkt kreieren, das eine gute Nachfrage versprach. Aus einfachem Draht bogen die Nerother die ersten Mausefallen. Handelsvertreter, früher Hausierer genannt, trugen die Fallen hinaus in die Welt, wo sie schnell zum gefragten Produkt wurden. Der kleine Nebenerwerb sicherte den Nerothern auch in kalten Wintern genügend Holz im Ofen und immer einen Bissen Brot. Die ungewöhnliche Geschichte der Nerother Mausefallen-Ära, die in den 1970er-Jahren endete, ist im vielleicht einzigen Mausefallenmuseum der Welt zu erleben. Dass es im Museum Mäuse gibt, gilt als unwahrscheinlich, dass man sich in Neroth aber freut, wenn Besucher Mäuse mitbringen und im Ort lassen, ist erwiesen.

Nicht Pigalle. Mausefallen aus Neroth

Spielball der Naturgewalten: die Lava-Bombe

Brubbel in Wallenborn
Schulstraße 14 a
54570 Wallenborn
Tel.: (06599) 241

Lavabombe von Strohn
Vulkanhaus Strohn
Hauptstraße 38
54558 Strohn
Tel.: (06573) 953721

Nerother Mausefallenmuseum
Mühlenweg
54570 Neroth
Tel.: (06591) 8121
www.mausefallendorf.de/museum

Das Rheinland

Im Land der Drachen
Das Siebengebirge

Das größte Missverständnis liegt im Namen: Siebengebirge – Gebirge mit sieben Bergen? Mitnichten, die Gelehrten streiten zwar, ob das Siebengebirge eher aus 40 oder aus 50 einzelnen Hügeln oder Bergen besteht, mehr als sieben sind es jedoch allemal. Woher der Name mit der doch falschen Nummerierung herrührt, auch hier ist keine eindeutige Klärung möglich. Vielleicht ist es der erste Blick auf die Hügellandschaft am Rhein, bei dem in der Tat sieben Erhebungen ins Auge fallen. Die auffälligste und zweifellos bekannteste ist der Drachenfels zwischen Königswinter und Bad Honnef. Ein Drache soll hier einst gehaust haben und immer wieder wurden nicht zuletzt deshalb Bezüge zur Nibelungensage hergestellt. Hat Siegfried vielleicht an einem der schönsten Aussichtspunkte am Rhein dereinst den Drachen getötet? Hat er, statt nach vollbrachter Tat den Blick auf den Rhein genießend lieber im Blut des Drachen gebadet? Wir wissen es nicht, aber wir glauben es gerne. Dabei ist die Entstehung des Drachenfelsen sehr wohl mit einem Feuerspeier verbunden. Mutter Erde wollte hier am Rhein etwas Magma speien, drang jedoch nicht durch die eigene Oberfläche und so sammelte sich das flüssige Gestein und erstarrte zu einer Art Dom oder Quellkuppe, wie die Geologen das nennen. Schon die alten Römer machten sich diesen Umstand zunutze: Das Vulkangestein, sogenannter Trachyt, eignet sich hervorragend als Baustoff und wurde in Steinbrüchen abgebaut. Der Kölner Dom wurde größtenteils mit Steinen aus dem Siebengebirge gebaut. Trachyt ließ sich verhältnismäßig gut verarbeiten und man konnte ihn problemlos schleifen.

Tipp von Tamina

Die Spuren dieses Jahrhunderte betriebenen Abbaus von Trachyt kann man bis heute auch rund um den Drachenfels sehr gut sehen. An einigen Stellen trieb man es so arg, dass ganze Felsen einzustürzen drohten. Man hat sie in den letzten Jahrzehnten mit enormem Aufwand mit Beton und Stahlarmierungen sichern müssen. Ganz in der Nähe wurde auch Basalt abgebaut, in einer Grube sammelte sich Wasser und bildet heute den Dornheckensee. Ein malerisches Plätzchen! Der See war mit seinem glasklaren Wasser früher ein beliebtes Schwimm- und Tauchparadies, aus Naturschutzgründen ist das mittlerweile aber bei Strafe verboten. Ich empfehle aber unbedingt einen Rundgang um den Dornheckensee!

30 Das Rheinland

Touristenziel Nummer eins

Der Drachenfels ist eines der beliebtesten Ausflugsziele in ganz Nordrhein-Westfalen. War es früher jedem Besucher möglich, sich auf einem Eselsrücken den steilen Berg hinauftragen zu lassen, so hatte man vor einigen Jahren ein Einsehen und heute werden nur noch Kinder bis maximal 40 Kilo auf dem legendären Eselsweg und auf dem Esel den Berg hinaufgebracht, wenn auch aus Sicherheitsgründen nicht mehr bis ganz nach oben. Trotzdem muss niemand kraxeln, seit 1883 ächzt die älteste noch in Betrieb befindliche Zahnradbahn Deutschlands, die Drachenfelsbahn, den Berg hinauf. Am Talbahnhof empfiehlt sich ein Blick in die kleine Ausstellung zum Siebengebirge und zur Geschichte der Zahnradbahn, die leider auch ein schweres Unglück zu verzeichnen hat. 1958 verunglückten nach einem Bremsversagen hier 18 Menschen tödlich. Die knapp zehnminütige Bahnfahrt auf den 321 Meter hohen Drachenfels sollte man auf jeden Fall für die Attraktionen am Wegesrand unterbrechen. In der etwa auf halber Strecke liegenden Nibelungenhalle finden sich Gemälde, die Szenen aus Richard Wagners Opern zur Nibelungensage darstellen, für Kinder ist der Besuch des angegliederten Felsengrotte ein besonderes Erlebnis, stößt man doch auf eine 15 Meter lange Steinskulptur eines liegenden Drachens. Quicklebendige nahe Verwandte des Namensgebers findet man in einem kleinen Reptilienzoo, dessen Hauptattraktion Alligatoren sein dürften, die aber konsequent auf jedes Feuerspeien verzichten.

Tipp von Tamina

Kein Besuch des Drachenfels ohne einen Abstecher ins Schloss Drachenburg, das etwas unterhalb des Gipfels liegt. Der betuchte Bonner Geschäftsmann Stephan von Sarter ließ sich das Schloss 1882 erbauen, in nur drei Jahren stand die Drachenburg! Doch dem Bauherrn brachte sie kein Glück. Von Sarter hatte das ein bisschen an Neuschwanstein erinnernde Schloss für seine große Liebe und sich selbst geplant, leider verstarb die Dame noch vor der Fertigstellung und er bezog sein Schloss nie. Die Drachenburg hat eine wechselvolle Geschichte hinter sich, sie wurde im Zweiten Weltkrieg schwer beschädigt mit noch heute sichtbaren Einschusslöchern und sollte später sogar abgerissen werden. Dies konnte letztlich durch privates Engagement verhindert werden. Die Burg wurde zwar nicht historisch restauriert, aber sie blieb erhalten. Unter Denkmalschutz gestellt übernahm die Nordrhein-Westfalen Stiftung das Anwesen und ließ es sach- und fachgerecht renovieren. Auch wenn das Schloss bis heute nicht ganz frei ist von historischen Brüchen, es ist in jedem Fall einen Besuch wert! Ich habe damals mit meinem Reisebegleiter, dem Karikaturisten und Bildhauer Burkhard Mohr, auf der Drachenburg den Wunderschön-Rucksack ausgepackt.

Schloss Drachenburg • Drachenfelsstraße 118 • 53639 Königswinter
Tel.: (0 22 23) 90 19 70 • www.schloss-drachenburg.de

Deutlich mehr als 7 Berge: das Siebengebirge mit seinen prächtigen Ausblicken

Natur auf Schritt und Tritt

Das Siebengebirge umfasst ein Areal von ca. 4800 Hektar zwischen Bonn, Bad Honnef und Königswinter. Es gehört zu Deutschlands ältesten Naturschutzgebieten. Wer der Weinseligkeit und den Touristenströmen am Ufer des Rheins entgehen will, findet im Siebengebirge 200 Kilometer Wanderwege, darunter einen Teil des Rheinsteigs. Nur einen Steinwurf vom Drachenfels entfernt lädt das Nachtigallental zu einem Spaziergang ein. Zahlreiche kleine Tümpel bieten hier heimischen Amphibien außerordentlich gute Lebensbedingungen. Sogar irgendwann einmal freigesetzte kleine Schildkröten konnten sich hier vermehren und gehören heute zum „Stammpersonal" im Nachtigallental.

Tipp von Tamina

Das Schöne an der Region sind ja nicht zuletzt die kurzen Entfernungen. So ist es nicht weit zum Rostinger Hof in Königswinter. Hier treffen Sie auf eine gehörige Portion Fernost. Dierk Stuckenschmidt und seine aus Japan stammende Frau Yoshie haben hier ein Paradies geschaffen, das sie regelmäßig mit Besuchern teilen. Ob Obstwiese, Gemüse-, Kräuter- oder Blumengarten, vor allem aber der japanische Landschaftsgarten lockt jedes Jahr viele Besucher zu den Rostinger Hoftagen. Zu Recht! In Erinnerung geblieben sind mir die wundervollen Töpferarbeiten der beiden Stuckenschmidts, wobei sie die „schönen" Dinge töpfert, während er darauf besteht, für die „herbe" Variante der Töpferei zuständig zu sein.

Familie Stuckenschmidt • Rostinger Straße 53 • 53639 Königswinter
Tel.: (0 22 44) 6182 • www.rostinger-hof.de

Das Beethoven-Haus von innen

Lauschig: Gartenansicht mit Büste von Riscutia

Die Qual der Wahl

Eine Auswahl dessen zu treffen, was man in der ehemaligen Bundeshauptstadt Bonn besichtigen und unternehmen kann, ist wahrlich eine Wahl voller Qual. Allein die Bonner Museumsmeile würde Tage in Anspruch nehmen. Bei der Stippvisite von „Wunderschön" in Bonn entschieden wir uns für zwei Klassiker, einen alten und ein jungen Klassiker. 1770 erblickt der wahrscheinlich berühmteste Sonn Bonns das Licht der Rheinstadt. In der heutigen Bonngasse wird Ludwig van Beethoven geboren und bis zu seinem 22. Lebensjahr ist Beethoven ein Bonner. Das Beethovenhaus im Geburtshaus und den angrenzenden Häusern ist mehr als nur ein Museum. Es ist Forschungsinstitut und Konzertsaal und es ist vor allem auch eines: Wallfahrtsstätte für Musikfreunde und -kenner aus der ganzen Welt. Ob Beethoven den Trubel im „Beethoven-Shop" wohl für gut befunden hätte? Wahrscheinlich hätte er eine Oper drüber komponiert.

Beethoven-Haus • Bonngasse 24–26
53111 Bonn • Tel.: (02 28) 9 81 75 25
www.beethoven-haus-bonn.de

Tipp von Tamina

Die Wanderwege im Siebengebirge haben wir schon erwähnt, unbedingt zu empfehlen ist natürlich auch eine der klassischen Dampfertouren auf dem Rhein, ob nun mit oder ohne Party Wir haben damals etwas ausprobiert, was buchstäblich einen ganz anderen Blick auf die Region längs des Rheins ermöglicht. Beim Drachen- und Gleitschirmfliegerclub Siebengebirge können Sie einen Tandemflug am Drachen machen. Natürlich ist das Ganze wetterabhängig und verlangt den Interessenten ein gewisses Maß an Flexibilität ab. Wenn man aber einmal an der Winde hängt und nach oben gezogen wird, erlebt man das Siebengebirge aus majestätischer Perspektive. Ein tolles Erlebnis und gar nicht so teuer!

DGC Siebengebirge • Markus Scheid • Kolpingstraße 36 • 53557 Bad Hönningen
Tel.: (0 26 35) 92 31 69 • www.dgc-siebengebirge.de

Im Land der Drachen – Das Siebengebirge

Der Charme einer Hundehütte

Der zweite Klassiker ist ebenfalls ein Haus mit Geschichte und ein Haus, in dem zwischen 1964 und 1999 Geschichte gemacht wurde: der Kanzlerbungalow an der Adenauerallee. 142 Quadratmeter Wohnfläche auf einer Etage, der Bungalow wirkt eng und verwinkelt. Lediglich im einstigen großen Besprechungszimmer mit der von Kanzler Helmut Kohl eingebrachten Deckenbeleuchtung, die wie ein Sternenhimmel wirkt, kommt so etwas wie Großzügigkeit auf. Norbert Blüm, langjähriger Arbeitsminister im Kabinett Kohl, fühlte sich im Kanzlerbungalow nie richtig wohl. Das Ganze habe für ihn „den Charme einer Hundehütte" soll er einmal über das Zentrum der Macht gesagt haben. In der Hundehütte wurde Geschichte geschrieben. Im Garten des Kanzlerbungalows soll es gewesen sein, wo sich Helmut Kohl und Michail Gorbatschow damals menschlich nähergekommen seien und möglicherweise die Weichen für die deutsche Wiedervereinigung gestellt haben. Vielleicht hat der Kreml-Chef aber auch nur zu allem ja gesagt, weil er aus dem beengten Kanzler-Domizil so schnell wie möglich wieder raus wollte. Wie hat Konrad Adenauer es einmal ausgedrückt: „Ich weiß nicht, welcher Architekt den Bungalow gebaut hat, aber der verdient zehn Jahre."

Kanzlerbungalow • Adenauerallee 139
53113 Bonn • Tel.: (02 28) 9 16 54 00

Tipp von Tamina

Bonn ist eine Reise wert, nicht nur wegen des Siebengebirges! Es war ja schon immer etwas teurer, einen besonderen Geschmack zu haben, aber zum Abschluss eines Bonn-Besuches sollten Sie unbedingt noch einen Abstecher auf den Petersberg machen. Gästehaus der Bundesregierung, Luxushotel und Bleibe für ungezählte Größen aus Politik, Wirtschaft und Kultur. Bei mir hat es für eine Übernachtung mit Frühstück nicht ganz gereicht, aber zu einem Milchkaffee im Restaurant. Den großartigen Blick auf den Rhein gab es gratis dazu.

Ums Feiern kommt man nicht herum ... – Köln

„Köln ist keine Stadt, Köln ist eine Ansammlung von Dörfern!" Bei der Liebe der Kölner zu ihrem „Veedel", zu ihrem Viertel, möchte man diesem Ausspruch eines Unbekannten fast beipflichten. Porzer oder Ehrenfelder sind nun mal in erster Linie Porzer und Ehrenfelder und erst dann Kölner. Köln ist Nordrhein-Westfalens älteste und mit fast einer Million Einwohnern zugleich größte Stadt. Warum es für die Domstadt dennoch nicht zur Hauptstadt des Bundeslandes zwischen Rhein und Weser gelangt hat? Das Kapitel über Düsseldorf erklärt es, oder macht zumindest den Versuch dazu. Was Köln ausmacht? „Wunderschön"-Moderator Stefan Pinnow wollte das von seinem Reisebegleiter im Schatten des Doms wissen, Comedian Guido Cantz, und der hat eine ganze Reihe von Erklärungen für das spezifisch „Kölsche", auch wenn er betont, dass er ja nun mal Porzer ist (siehe oben). Nach Guido Cantz will der Kölner zwar, dass seine Heimatstadt der Nabel der Welt ist, aber gemütlich muss dieser Nabel sein. Das Herz des Kölners, und der Kölnerin natürlich auch, es schlägt auch nicht wirklich, es schunkelt eher. Er muss es wissen, denn als Büttenredner erlebt er im Karneval das schunkelnde Köln jeden Abend gleich mehrfach. In Köln lässt man „den lieben Gott einen guten Mann sein", obwohl man sich ihm durch die beiden Domspitzen schon etwas näher fühlt. Außerdem, so Guido Cantz, lieben die Kölner die Menschen und das Leben. Ganz wichtig: Kölsch ist nicht nur ein Getränk, es ist natürlich auch die Muttersprache. Glaubt man der Kölner Kultband „De Höhner", ist Kölsch bzw. Köln darüber hinaus aber vor allem eines: ne Jeföhl!

Nordrhein-Westfalens Touristenziel Nummer eins: der Kölner Dom

In jeder Hinsicht überragend – der Dom

Egal wie auch immer in diversen WDR-Sendungen die Frage lautete – Was muss man in Nordrhein-Westfalen gemacht haben? Was ist der größte Anziehungspunkt des Landes? –, immer überragte er die Konkurrenz buchstäblich, der Kölner Dom. Mit seinen 157 Metern ist der Kölner Dom bis heute das dritthöchste Kirchengebäude der Welt und, was viele nicht wissen, der Nordturm ist mit exakt 157,38 sogar sieben Zentimeter höher als sein Gegenüber im Süden. Wie man Köln auch betrachtet, der Dom ist das prägende Bauwerk, dabei bietet sich dem Köln-Betrachter das Bild des heutigen Doms erst seit gut 130 Jahren. Mehr als 300 Jahre war der Dom eine verlassene Baustelle. Steil in den Himmel ragende Türme? Fehlanzeige! Doch der Reihe nach. Mit der Überführung der Gebeine der Heiligen Drei Könige nach Köln im Jahre 1164 entstand die Idee, den Reliquien ein entsprechendes Umfeld zu schaffen. Die vorhandene Kathedrale erwies sich dem Ansturm der Pilger nicht gewachsen, ein Dom musste her. Es dauerte dann aber bis zum Jahr 1248, bis tatsächlich mit dem Bau dieses Domes begonnen wurde, übrigens hauptsächlich unter Verwendung des Trachytsteins aus dem nahe gelegenen Siebengebirge rund um den Drachenfels (siehe auch Bonn und das Siebengebirge). Für das Jahr 1500 verzeichnen die Chroniken noch die Grundsteinlegung für den Nordturm, dann schlief die Bautätigkeit jedoch völlig ein. Der Grund dafür lag auf der Hand, genauer gesagt, lag er genau da nicht mehr: Das Geld fehlte. Die Reformation hatte insbesondere den lukrativen Ablasshandel empfindlich getroffen, außerdem ging die Zahl zahlungskräftiger Pilger zurück. Gleichwohl wurde das weitgehend fertig gestellte Kirchenschiff für Gottesdienste und feierliche Anlässe genutzt. Mehr als 300 Jahre hatte Köln einen Dom, oder besser gesagt, ein Dömchen. Erst 1842 wurde der Weiterbau des Doms ernsthaft in Angriff genommen. Der Staat Preußen und der Zentral-Dombau-Verein zu Köln finanzierten den Weiterbau.

1848 wurde am Kölner Dom das getan, was man bis heute in Köln am liebsten tut: Man feiert. 1848 beging man den 600. Jahrestag der Grundsteinlegung. Ein tragisches Unglück überschattete das Jubiläum. Aus einem der Türme hatte sich ein Stein gelöst. Dieser Stein erschlug eine Frau, die nach Zeitungsberichten auf der Stelle tot war. 32 Jahre später wurde der Dombau vollendet, nach mehr als 600 Jahren

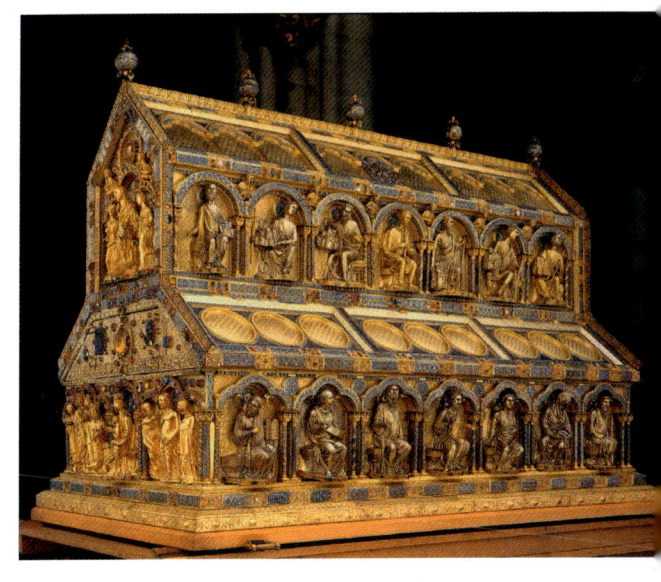

Der Grund für den Dombau: die Reliquien der Heiligen Drei Könige im Dreikönigsschrein

Tipp von Stefan

Wir haben die Sendung über Köln damals auf dem sogenannten Vierungsturm begonnen und auch beendet. Von dort aus bietet sich ein Blick auf Köln, der geradezu atemberaubend ist! Wer keine Höhenluft verträgt und lieber Weihrauch schnuppert: Die Christmette im Dom am Heiligen Abend ist ein ganz besonderer Gottesdienst. Wenn sich im Dom 5000 Menschen aus aller Welt um den Altar drängen und der Domchor singt ... das geht nahe! Wermutstropfen: Wenn Sie an diesem Gottesdienst teilnehmen wollen, brauchen Sie Stehvermögen und müssen rund zwei Stunden vor Beginn auf der Domplatte anstehen!

war der Dom zu Köln in seiner heutigen Form fertig. Die Kölner selber sprechen nicht gerne von einem fertigen Dom, denn laut einer Prophezeiung des Volksmunds geht die Welt an dem Tag unter, an dem der Kölner Dom wirklich fertig ist. In der Tat ist der Dom wie die meisten Sakralgebäude dieser Größenordnung eine fortwährende Baustelle. Der Zahn der Zeit nagt am Dom und seit vielen Jahren hat man den Dom schon nicht mehr ohne Baugerüst gesehen. Gerüste hatte er übrigens auch noch bei seiner feierlichen Einweihung in Anwesenheit Kaiser Wilhelms I., sie wurden aber auf den Postkarten und Bildern, die dieses Ereignis illustrierten, wegretuschiert. Vielleicht auch irgendwie typisch Kölsch. Die Angaben darüber, wie viele Menschen den Dom jährlich besuchen, schwanken. Das Domkapitel selbst gibt pro Tag eine durchschnittliche Besucherzahl von 10 000 an, das wären im Jahr rund 3,6 Millionen, nach anderen Angaben besuchen jährlich rund 6 Millionen Menschen aus der ganzen Welt den Kölner Dom.

Kölner Dom
(Hohe Domkirche Sankt Petrus)
Domkloster 4
50667 Köln
Tel.: (02 21) 17 94 05 55
www.koelner-dom.de

Rund 5000 Menschen finden im Kölner Dom Platz

Ein Meer an Museen

Hat die Landeshauptstadt Düsseldorf schon eine Vielzahl von Museen und Kunstsammlungen, so ist das Angebot in Köln in diesem Bereich noch größer. Man könnte ganze „Wunderschön"-Sendungen wahrscheinlich nur mit Kölner Museen bestücken. Neben den international bekannten Museen, wie dem Museum Ludwig, dem Wallraf-Richartz-Museum oder dem Römisch-Germanischen Museum gibt es kaum ein Thema, zu dem man sich in Köln nicht museal weiterbilden könnte. Kostproben gefällig? Es gibt Museen für Obst, Senf, Wein und Schokolade; es gibt Museen über Geld, Karnevalsorden und Spielzeug; Museen zur Geschichte der Homosexualität und des Puppenspiels, es gibt ein Straßenbahn- und ein Radiomuseum und sogar ein Museum für Gedankenloses. Stefan Pinnow konnte bei seinem Köln-Besuch nur einen winzigen Ausschnitt dieser Museumslandschaft erkunden, hier seine Auswahl.

Alles Schoko oder was?

Nicht nur ein Museum für Naschkatzen ist das Kölner Schokoladenmuseum, gegründet vom Kölner Schokoladenfabrikanten Imhoff. Das Museum ist schon architektonisch ein Leckerbissen. Es liegt wie ein Schiff direkt am Rhein und wurde in einer ehemaligen Lagerhalle des Kölner Zollamts errichtet. Schokolade von der Kakaobohne bis zur Edelpraline, der gesamte Herstellungsprozess ist im Museum dokumentiert. Eine Fertigungsanlage en miniature veranschaulicht dem Besucher dabei auch die industrielle Verarbeitung von Schokolade.

Schokoladenmuseum Imhoff
Am Schokoladenmuseum 1 A
50678 Köln
Tel.: (02 21) 9 31 88 80
www.schokoladenmuseum.de

Nicht nur für Naschkatzen: das Schokoladenmuseum am Rhein

Ein Rektor und ein Kaufmann

Als Ferdinand Franz Wallraf, Rektor der Universität zu Köln, 1824 starb, verfügte er, dass sein Nachlass in Form von Grafiken, Gemälden, Mineralien, Kupferstichen, Büchern und Kunstgegenständen aller Art öffentlich zugänglich gemacht werde. Insofern darf 1824 als Gründungsjahr des Museums angesehen werden. Damit ist das Wallraf-Richartz-Museum das älteste Museum Kölns, auch wenn es bis 1851 dauerte, bis der Kaufmann Johann Heinrich Richartz 100 000 Taler und damit die zweite Hälfte des Namens spendete, um einen eigenen Museumsbau zu ermöglichen. Das Wallraf-Richartz-Museum zeigt die weltweit größte Sammlung mittelalterlicher Malerei sowie die umfangreichste Sammlung impressionistischer Kunst aus Deutschland. Weiteres Herzstück des Museums ist die Sammlung von Grafiken, die aus dem Mittelalter bis zum 20. Jahrhundert stammt.

Wallraf-Richartz-Museum
Obenmarspforten 40
50667 Köln
Tel.: (02 21) 22 12 11 19
www.wallraf.museum

Das Wallraf-Richartz,
das älteste Museum Kölns

Das Rheinland

Genuss des Zeitgenössischen

Vom ältesten zu einem der jüngsten Museen Kölns, dafür aber einem der bedeutendsten, dem Museum Ludwig. 1976 gegründet, wurde das Museum zur Heimat der umfangreichen Sammlung des Kölner Kunstmäzens und Sammlers Peter Ludwig und seiner Frau Irene. Früh erkannte das Ehepaar die künstlerische Substanz vieler zeitgenössischer Maler und Grafiker der Pop-Art, heute längst klassische Moderne. Außerdem beherbergt das Museum Ludwig, übrigens Wand an Wand mit der Kölner Philharmonie, eine der bedeutendsten Sammlungen expressionistischer Kunst. 1999 war das Museum Schauplatz des Gipfeltreffens der Staatschefs der G-8-Staaten.

Museum Ludwig
Heinrich-Böll-Platz
50667 Köln
Tel.: (02 21) 22 12 61 65
www.museum-ludwig.de

Ein spannendes Amt

Dass ein Besuch auf dem Amt spannend und unterhaltsam sein kann, beweist das Römisch-Germanische Museum, denn es ist gleichzeitig das Amt für „Archäologische Bodendenkmalpflege" im Bereich des Stadtbezirkes Köln. Hervorgegangen ist das Museum unter anderem aus der römischen und der germanischen Abteilung bzw. Sammlung des Wallraf-Richartz-Museums, die seit 1946 eine der Säulen des Römisch-Germanischen Museums bilden. Das Museum zeigt an Artefakten die Geschichte der Besiedelung Kölns sowie eine Vielzahl archäologisch erschlossener Bauwerke aus fränkischer, germanischer und römischer Epoche. Das Museum zeigt unter anderem das weltberühmte Dionysosmosaik.

Römisch-Germanisches Museum Köln
Roncalliplatz 4 • 50667 Köln
Tel.: (02 21) 22 12 44 38
www.roemisch-germanisches-museum.de

Wie aus Köln das wurde, was es heute ist ...

Nachdenklichkeit anschaulich gemacht

Schon die Räume sind Kunstwerke: das Kolumba

Zusammen mit dem Wallraf-Richartz-Museum gehört das 1853 als Kölner Diözesanmuseum gegründete Kolumba zu den ältesten der Stadt. Der Neubau des Museums, der 2007 eingeweiht wurde, darf als Kunstwerk an sich bezeichnet werden. So gelang es, die Ausstellungsräume so zu gestalten, dass man auf künstliche Lichtquellen weitgehend verzichten konnte. Je nach Jahres- und Tageszeit verändert das Museumsinnere sein Antlitz und damit auch seine Wirkung. Das Haus versteht sich selbst als „Museum der Nachdenklichkeit". Dabei finden sich hier nicht nur sakrale Kunstwerke und -gegenstände. Das Museum versteht sich auch als Ort der Gegenüberstellung. Der Mensch, sein Leben und alle Fragen der menschlichen Existenz, die von bedeutenden Künstlern von der Antike bis zur Moderne versinnbildlicht wurden und werden.

Kolumba
Kunstmuseum des Erzbistums Köln
Kolumbastraße 4
50667 Köln
Tel.: (02 21) 9 33 19 30
www.kolumba.de

Höher, schneller ... musealer

Als Sitz der Deutschen Sporthochschule war Köln prädestiniert als Standort für das Deutsche Sport & Olympia Museum. Direkt neben dem Schokoladenmuseum gelegen, illustriert das Museum 3000 Jahre Sportgeschichte. Neben einer Sammlung von antiken Sportgeräten bis hin zum modernen Sport-Equipment auch ausgefallener Trendsportarten erinnert das Museum an heldenhafte sportliche Siege genauso wie an dramatische Niederlagen in allen Sportarten der Welt. Das Museum animiert aber auch zu sportlicher Betätigung. So lockern Mitmachstationen die Sammlung aus insgesamt 125 000 Exponaten auf. Darüber hinaus befindet sich auf dem Dach des Museums ein Sportplatz, auf dem zum Beispiel Fußball oder Basketball gespielt werden kann.

Deutsches Sport & Olympia Museum
Im Zollhafen 1
50678 Köln
Tel.: (02 21) 3 36 09-0
www.sportmuseum.de

Tipp von Stefan

Im Rahmen der Sendung habe ich mit meinem Reiseführer Guido Cantz auf dem Dach des Deutschen Sport & Olympia Museums ein kleines Fußballmatch ausgetragen. Ich habe vergessen, wie das Spiel ausging, aber eines ist mir in Erinnerung geblieben: Auch wenn hohe Netze das Spielfeld säumen, gerade hier oben sollte man den Ball möglichst flach halten!

E ne Besuch im Zoo

Aus der Feder von Hans Knipp stammt das Stimmungslied „E ne Besuch im Zoo". Knipp war einer der erfolgreichsten Komponisten Kölscher Heimat- und Karnevalslieder, ihm ist es unter anderem auch zu verdanken, dass „mer d'r Dom en Kölle losse". Den Text zur Hymne an den Kölner Zoo steuerte kein geringerer als das Kölner Original Willy Millowitsch bei. Ob man diesen Text nun als besonders originell oder abwechslungsreich bezeichnen kann, sei dahingestellt, an der zentralen Botschaft ist aber nicht zu rütteln. Der älteste Zoo Nordrhein-Westfalens ist allemal einen Besuch wert und so schön, wie im Lied mehrfach betont, ist es dort auch. Die Tatsache, dass der Kölner Zoo bereits 1860 gegründet wurde, führte dazu, dass viele der damals angelegten Bauten und Anlagen zwar mittlerweile denkmalgeschützt sind, mit modernen und tiergerechten Vorstellungen von Tierhaltung in zoologischen Gärten aber nicht mehr vereinbar sind. Der Kölner Zoo, heute übrigens viermal so groß wie bei seiner Gründung, hat dazu in den letzten Jahren eine Reihe von Neubauten errichtet, um eben diesen modernen zoologischen Anforderungen und Erkenntnissen Rechnung zu tragen. So wurde unter anderem ein neues Freigehege für die Flusspferde gebaut, der sogenannte Hippodom. Neben diesem zweiten Kölner Dom ragen der neu errichtete Elefantenpark und das Regenwaldhaus aus den baulichen Veränderungen der letzten Jahre heraus.

Kölner Zoo
Riehler Straße 173 • 50735 Köln
Tel.: (02 21) 56 79 9100
www.koelnerzoo.de

Kölsch und Köbes

Köln rühmt sich als Stadt mit überdurchschnittlicher Kneipendichte. Die Tatsache, dass man bei Eingabe von „Kölner Kneipen" im Internet mehr als 200 000 Treffer bekommt, legt nahe, dass das wirklich so ist. Doch nicht zuletzt wegen seiner Veedelkneipen ist Köln auch bei seinen Gästen so beliebt. Touristen zieht es natürlich in die zentral gelegenen Brauhäuser am „Alter Markt" [sic!!!] und die Kölner City. Hier regiert der „Köbes", der an dieser Stelle nur zur Beschreibung seines Tätigkeitsbereiches als Kellner bezeichnet werden darf. Im Lokal ruft man weder „Herr Ober" noch „Hallo" sondern schlicht „Köbes". In den meisten Brauhäusern ist aber ein Herbeirufen gar nicht nötig, denn es gilt die Devise: Wer sein Glas leer hat, bekommt ein neues hingestellt. Der Name Köbes geht vermutlich zurück auf die Zeit der Pilgerströme am Jakobsweg, der durch Köln führt. Einige Pilger besserten ihre Kasse mit einem vorübergehenden Job als Kellner auf und aus den Jakobspilgern wurden bei den Gästen die „Jakobs", auf gut Kölsch der Köbes. Die meisten von ihnen sind übrigens Freiberufler. Sie kaufen das Bier am Zapfhahn und verkaufen es an den Gast weiter. Der robuste Ton ist beim Köbes Programm und Tradition. Wer ein Wasser bestellt, darf sich nicht über die Nachfrage wundern, ob noch ein Stück Seife und ein Handtuch dazu serviert werden sollen. Wer in einem Brauhaus essen will, sollte sich über die wichtigsten Kölner Gerichte und ihre deutsche Übersetzung klar werden. Wäre doch schade, wenn man nach der Bestellung eines „Halven Hahns" nicht etwa frisch gegrilltes Geflügel, sondern eine dicke Scheibe alten Goudas mit Zwiebeln und einem „Röggelsche" serviert bekommt, also ein Käsebrötchen XXL. Was das Kölner Nationalgetränk betrifft, ist das Kölsch dem Düsseldorfer Alt näher als es die Kölner manchmal wahrhaben wollen, in beiden Fällen handelt es sich um obergärig gebraute Biere. Neben ihrer namengebenden obergärigen Hefe zeichnen sich die Biere durch eine kürzere Vergärung aus, und das wird in Köln geschätzt. Hat der Kölner sonst Zeit und Gemütlichkeit, allzu lange aufs nächste Kölsch warten geht gar nicht.

www.koelschfuehrer.de

Bruder Jakob, Bruder Jakob, bringst Du nicht die Biere ...

Akustisches Schmuckstück der Domstadt: die Kölner Philharmonie

Kunstgenuss zum Nulltarif

Zu Kölns guten Stuben wie der Lanxess-Arena, den Sartori-Sälen oder dem Gürzenich gehört seit 1986 die Philharmonie, nur wenige Schritte vom Dom entfernt. Die Philharmonie gilt als Meisterwerk der Raumakustik, erfordert aber durch ihre Lage skurril anmutende Begleiterscheinungen. Der an ein Amphitheater erinnernde Konzertsaal liegt unter einem stark frequentierten öffentlichen Platz. Geräusche etwa von Skateboards oder spitzen Absätzen übertragen sich bis in den Saal. Damit das nicht während der Vorstellungen oder Proben passiert, wird der innere Teil des Heinrich-Böll-Platzes dazu jedes Mal gesperrt. Apropos Proben. In der Regel finden jeden Donnerstag um 12.30 Uhr öffentliche Proben in der Philharmonie statt. Eine halbe Stunde lang ist dann beim „PhilharmonieLunch" Kunstgenuss zum Nulltarif möglich, vorausgesetzt man kann eine der 2000 Freikarten ergattern.

Kölner Philharmonie
Bischofsgarten 1
50667 Köln
Tel.: (0221) 204080
www.koelner-philharmonie.de

Gruseln unter Gebeinen

Köln ist berühmt für seine romanischen Basiliken, insgesamt 12 an der Zahl. Sehenswert sind sie alle, wenngleich Sankt Ursula für Köln von besonderer Bedeutung ist, denn die Legende der Ursula und der sie begleitenden zehn Jungfrauen hat Eingang in das Kölner Stadtwappen gefunden, wo die elf Märtyrerinnen als schwarze Tränen abgebildet sind. Nach der Ursula-Legende waren die elf Jungfrauen am Rhein bei Köln unterwegs, als sie den Hunnen in die Hände fielen. Da sie sich weigerten, mit den Hunnen die Ehe einzugehen, wurden sie niedergemetzelt. Die jungen Frauen um Ursula wurden als Märtyrerinnen verehrt. Ihre Gebeine wurden entdeckt und zu Reliquien. Da diese Gebeine auf einem alten römischen Friedhof lagen, wurde eine Vielzahl von Knochen und Skeletten geborgen. Aus den elf jungfräulichen Märtyrerinnen wurden 11000. Bis heute kann man in der Goldenen Kammer von Sankt Ursula eine Unmenge von drapierten Knochen und Schädeln bestaunen. Die Kammer beherbergt die größte Gebeine-Sammlung nördlich der Alpen.

Sankt Ursula
Ursulaplatz 24 • 50668 Köln
Tel.: (02 21) 13 34 00 • www.heilige-ursula.de

Tipp von Stefan

Eine Geschichte zum Gruseln, die Legende der heiligen Ursula und ihrer Gefährtinnen! Und ganz ehrlich: Die Goldene Kammer ist schon ein besonderer Ort! In ihr kann man übrigens sehen, wie der eigentlich streng verbotene Handel mit Reliquien umgangen wurde. So wurden hohle Holzpuppen angefertigt, in die Schädel oder Knochen gelegt wurden. Die Puppe wurde dann für teures Geld verkauft, den Inhalt gab es gratis dazu. Wer es weniger gruselig mag, aber Köln ein bisschen unterirdisch erleben will, dem empfehle ich den Kronleuchtersaal in der Kölner Kanalisation. In dem Saal finden sogar regelmäßig Konzerte statt. Ungewöhnliches Ambiente, ungewöhnliche Akustik, gewöhnungsbedürftiger Geruch, aber in jedem Fall ein überirdisch-unterirdisches Erlebnis!

Auch ein Touristenmagnet

Es ist kein Geheimnis: Wer durch die Kölner Innenstadt spaziert, wird allenthalben auf den Westdeutschen Rundfunk stoßen. Zwischen Appellhofplatz und Wallraf-Platz mit der legendären Platane, in der einst der noch legendärere Spatz hockte, finden sich eine Vielzahl von Einrichtungen der WDR Fernseh- und Hörfunkprogramme. Die meisten Studios sind im Rahmen von geführten Touren zu besichtigen, alle übrigens kostenlos. Dasselbe gilt für die Besichtigung der Produktionsstätten in Bocklemünd und der Außenanlagen der Lindenstraße. Hier empfiehlt sich eine rechtzeitige Anmeldung, denn die Nachfrage ist groß.

WDR Köln
Appellhofplatz 1
50667 Köln
www.wdr.de

Ums Feiern kommt man nicht herum ... – Köln

Ums Feiern kommt man nicht herum

Der Kölner Volksmund weiß, dass alles, was in Köln jemals drei Mal hintereinander gemacht wurde, sich als gute alte Tradition einbürgerte, das gilt ganz besonders für die Feste und herausragenden Events in der Stadt am Dom. Da ist natürlich der Karneval, der aus Köln jedes Jahr an den tollen Tagen eine Stadt im Ausnahmezustand macht. Am Rosenmontag kommen geschätzt eineinhalb Millionen Menschen nach Köln, um hier unter Pappnase und Narrenkostüm ausgelassen Straßenkarneval zu feiern. Verkleiden und sich kostümieren und dann ausgelassen feiern, kein Wunder dass der Christopher Street Day und mittlerweile auch Halloween in Köln auf fruchtbaren Boden fielen und ausgiebig und ausgelassen gefeiert werden. Doch es muss nicht immer unter Verkleidung sein. So haben sich zum Beispiel die „Kölner Lichter" zu einem der meistbesuchten Eintages-Volksfeste Nordrhein-Westfalens entwickelt und das Feuerwerk-Spektakel auf dem Rhein zählt längst zu den größten seiner Art in ganz Europa. Wie sagt es Guido Cantz so treffend: „Egal, wann Du nach Köln kommst, ums Feiern kommst Du nicht herum!! Wohl wahr und sind wir großzügig: In Köln gibt es eigentlich immer einen Grund dazu!

www.koelntourismus.de

Die Rauschende
Düsseldorf

„Wer wohnt schon in Düsseldorf?" Wieder ist es Herbert Grönemeyer, dem es gelingt, ein gängiges Vorurteil über Nordrhein-Westfalens Landeshauptstadt in einer Textzeile zusammenzufassen. Die unausgesprochene Antwort lautet: Schickimicki-Adel, Verwaltungshengste und -stuten natürlich auch, Mode-Fuzzis und – glaubt man den Nachbarn in Köln – allesamt Leute, die von Bier keine Ahnung haben. Immerhin kann Düsseldorf mit seinen knapp 600 000 Einwohnern etwas von sich behaupten, von dem viele andere Metropolen nur träumen können: Düsseldorf ist nahezu schuldenfrei.

Seinen Namen hat das „Dorf" vom Flüsschen Düssel, das just hier in den Rhein mündet. Möglicherweise stand für Düssel der germanische Name „Thusila" Pate, was „die Rauschende" bedeutet. Eine Steilvorlage für das gesellschaftliche Leben der Stadt. Was Partys und Nightlife anbelangt, ist Düsseldorf wahrlich Thusila.

Es ist oft darüber diskutiert worden, warum die britische Militärverwaltung nach dem Krieg die Entscheidung traf, als Hauptstadt für das neu geschaffene Bundesland Nordrhein-Westfalen Düsseldorf zu bestimmen und nicht etwa das doch deutlich größere Köln. Die Historiker belegen, dass Düsseldorf zu Zeiten der Industrialisierung der Ruhrregion bereits wichtige administrative Funktionen übernahm, so ist oft vom „Schreibtisch des Ruhrgebiets" die Rede. Außerdem hatte die Stadt mit ihren Rheinhäfen logistisch große Bedeutung. Die pragmatischen Briten dürfte bei ihrer Entscheidung aber auch die Tatsache inspiriert haben, dass Düsseldorf zumindest ein paar intakte Verwaltungsgebäude besaß, außerdem war die Stadt in preußischer Zeit Sitz des Landtages der „Rheinprovinz" gewesen, hatte also eine Geschichte als Regierungssitz. Last not least soll schon Napoleon gesagt haben: „Düsseldorf ist wie ein kleines Paris." Wenn das keine Empfehlung ist!

Landeshauptstadt mit Charme und Flair: Düsseldorf

Zentrum mit Herz – der Carlsplatz

Dem ursprünglichen Düsseldorf kommt „Wunderschön"-Moderator Stefan Pinnow zunächst einmal am Carlsplatz auf die Spur. Allein der Name des Platzes bzw. seine Schreibweise sagt viel über Düsseldorf und seine Bewohner aus. Viele Jahre lang hieß der Platz Karlplatz, ohne Genitiv-S, das der Germanist natürlich Fugen-S nennt, und mit K geschrieben. Der Volksmund mochte jedoch weder auf Genitiv noch Fuge verzichten und so fand das kleine „s" dann auch offiziell wieder in den Namen des Platzes zurück. Dass die Düsseldorfer dann auch das C statt des K's durchsetzten, nun ja, das merkt ja zumindest beim Sprechen keiner. Ob Karlplatz oder Carlsplatz, hier mitten in Düsseldorf zwischen Königsallee und Rheinufer ist die Landeshauptstadt geerdet. Keine Kanapees und kein Sushi, hier wird Ähzezupp (Erbsensuppe) gelöffelt und ein Pärken (zwei Wiener Würstchen) mit Mostert (Senf) gefuttert. Apropos Senf. Natürlich läuten alle Glocken und brüllen alle Könige der Tierwelt, wenn von Düsseldorfer Senf oder eben Mostert die Rede ist. Mindestens genauso eine Institution in

Tipp von Stefan

Nur ein paar Meter vom Gewürzhaus entfernt, am Burgplatz, finden Sie etwas, was mit Düsseldorf mindestens genauso eng in Verbindung gebracht wird wie der Senf. Den Düsseldorfer Radschlägern hat man am Burgplatz mit einem Brunnen ein Denkmal gesetzt. Woher der Brauch kommt, ist nicht ganz eindeutig zu erklären. So sollen nach der Schlacht von Worringen, deren Ausgang unter anderem Düsseldorf die Stadtrechte bescherte, besonders die Kinder auf den Straßen so ausgelassen gewesen sein, dass sie vor Freude Räder schlugen. So weit so historisch. Mir gefällt ehrlich gesagt eine andere Version besser. Danach soll einst die Hochzeitskutsche eines adligen Paares eine „Reifenpanne" gehabt haben. Als ein Kutschenrad brach, sei ein Junge zur Vermeidung größeren Unheils beherzt hinzugesprungen, habe das Rad mit den Händen gegriffen und sei so zum lebenden Kutschrad geworden. Tolle Geschichte, oder?

Gewürzhaus Altstadt • Mertensgasse 25 • 40213 Düsseldorf
Tel.: (0211) 32 57 88 • www.gewuerzhaus.alt.stadt.ms

52 Das Rheinland

Stadt der Modenschau'n

Sachen „Schärfe" ist aber das Gewürzhaus in der Mertensgasse, kaum mehr als ein paar Bockwurstlängen vom Carlsplatz entfernt. In dem kleinen Laden von Mutter und Tochter Seegers werden nicht nur Spezialitäten aller Herren Gewürzregale und Länder verkauft, hier gibt es auch den ABB Mostert, jeden Morgen aus der Tonne frisch in die kleinen Steinkrüge abgefüllt. Der Laden der Spice-Girls, wie sich Marie-Luise und Kerstin-Miriam selber augenzwinkernd nennen, hat sich zu einem echten Touristen-Magneten entwickelt.

Erwähnt haben wir sie gerade bereits: die Königsallee. Düsseldorfs Prachtmeile kann in puncto Shopping mit den großen Einkaufspromenaden der Welt absolut mithalten. Ob alle Besucher Düsseldorfs und seine Einwohner mit den Preisen auf der Kö mithalten können, steht dabei auf einem anderen Blatt. Auf der Königsallee wird deutlich, wofür Nordrhein-Westfalens Landeshauptstadt in den letzten Jahren besonders steht: für Mode. Auch wenn die Textilindustrie des angrenzenden Niederrheins mittlerweile kaum noch internationale Bedeutung hat, als Hotspot für die Haute Couture konnten sich Düsseldorf und seine Königsallee einen Namen machen. Ob große Modemesse oder kleine Präsentation im erlauchten Kreis, auf der Kö finden Modenarren buchstäblich von Kopf bis Fuß alles. Wer ein bisschen am Glamour der internationalen Modeszene schnuppern will, findet vielleicht ein Schnäppchen bei den regelmäßigen Kollektionsverkäufen. Die finden dann zwar nicht unbedingt in den Boutiquen auf der Kö statt, aber hier kann auch Ottilie Normalverbraucherin Schickes zum kleinen Preis erwerben. Dies aber vielleicht nicht unbedingt in Konfektionsgrößen, die außerhalb des Mannequin-Umfangs liegen, denn meist handelt es sich um „Vorführmodelle" aus den großen Kollektionen. Wer aber „Kollektionsverkauf Düsseldorf" googelt, sollte etwas „Passendes" finden.

Auf dieser „Kö" finden durchaus Modenschau'n statt

6500 Japaner leben in Düsseldorf bzw. in „Klein-Tokio"

Zwischen Sushi und Sake

Wer mit dem Gedanken spielt, seinen Urlaub in Japan zu verbringen, sollte vielleicht zuvor ein paar hundert Meter entfernt vom Düsseldorfer Hauptbahnhof ein bisschen Japan „testen". An der Kreuzung von Charlotten- und Immermannstraße steht man in „Klein-Tokio". Japanische Handelskammer, Konsulat, dazu ein japanisches Hotel und etliche Sushi-Bars bzw. japanische Restaurants lassen den Besucher wirklich fernöstliche Gefühle bekommen. 6500 Japaner leben in Düsseldorf, dies hat Geschichte, denn schon Mitte des 19. Jahrhunderts war es ein Düsseldorfer, der im fernen Nagasaki ein deutsch-japanisches, besser gesagt ein preußisch-japanisches Handelshaus gründet. Seither haben sich die Beziehungen zwischen deutschen und japanischen Unternehmen in Düsseldorf verfestigt, jedes Jahr zu Beginn des Sommers wird sogar ein Japan-Tag am Rhein gefeiert, dessen Höhepunkt ein mitternächtliches Feuerwerk ist, das – natürlich – von japanischen Pyrotechnikern gezündet wird. Wer Klein-Tokio nicht auf eigene Faust erkunden will, für den gibt es mittlerweile durch das japanische Düsseldorf auch geführte Touren.

„Sushi, Sake & Co"
Düsseldorf Marketing & Tourismus GmbH
Benrather Straße 9
40213 Düsseldorf
Tel.: (02 11) 17 20 28 54
www.duesseldorf-tourismus.de

Das war's dem Kaiser wert

Mit Wert oder wertvoll hat Düsseldorfs ältester Stadtteil eigentlich nicht viel zu tun, auch wenn er seinen Einwohnern mit Sicherheit lieb und teuer ist. Kaiserswerth könnte man wörtlich ungefähr mit Kaiserinsel übersetzen, denn zumindest Teile des heutigen Stadtteils bildeten bis ins Mittelalter eine Insel im Rhein. Auf dieser wurde Ende des siebten Jahrhunderts ein Benediktinerkloster errichtet, leider nicht von Dauer. Schon damals war Kaiserswerth von strategischer Bedeutung. Der Rhein fließt in einem flachen Boden und war hier relativ leicht zu überqueren, außerdem war der Strom flussaufwärts wie -abwärts kilometerweit zu überblicken. Bis heute kann man am Rheinufer die Überreste der Kaiserpfalz sehen, die auf den legendären Stauferkaiser Friedrich Barbarossa zurückgeht. Der Kaiser brauchte die Pfalz nicht zuletzt als wehrhafte Zollstation, denn hier wurde kassiert. Noch heute lässt die Ruine ahnen, wie wehrhaft die Pfalz mit ihren mehr als vier Meter dicken Mauern war. Weniger martialisch wirkt der Ortskern; für viele Düsseldorfer sind die Barockhäuser des 17. und 18. Jahrhunderts ein beliebtes Naherholungsziel, denn von Kaiserswerth bis zur Kö sind es gerade einmal acht Kilometer.

Tipp von Stefan

Auch wenn der größte Teil der Düsseldorfer die Rheinbrücken benutzt, um von einer Seite des Stroms auf die andere zu kommen, in Kaiserswerth gibt es noch eine Fähre. Vielleicht nichts, wenn man es wirklich eilig hat, aber ein wunderbares Mittel, um in all der Hektik drum herum vielleicht für fünf Minuten auf andere Gedanken zu kommen. Ich kann sie empfehlen, die kleine Rheinfähre bei Kaiserswerth, die übrigens einmal im Jahr groß rauskommt. Wenn in Düsseldorf große Kirmes ist, legt sie in der City an und transportiert Jahrmarktsbesucher über den Rhein und wieder zurück. Die Kaiserswerther Fähre, ein Stück Entschleunigung mitten im Dschungel der Großstadt.

Die Rauschende – Düsseldorf

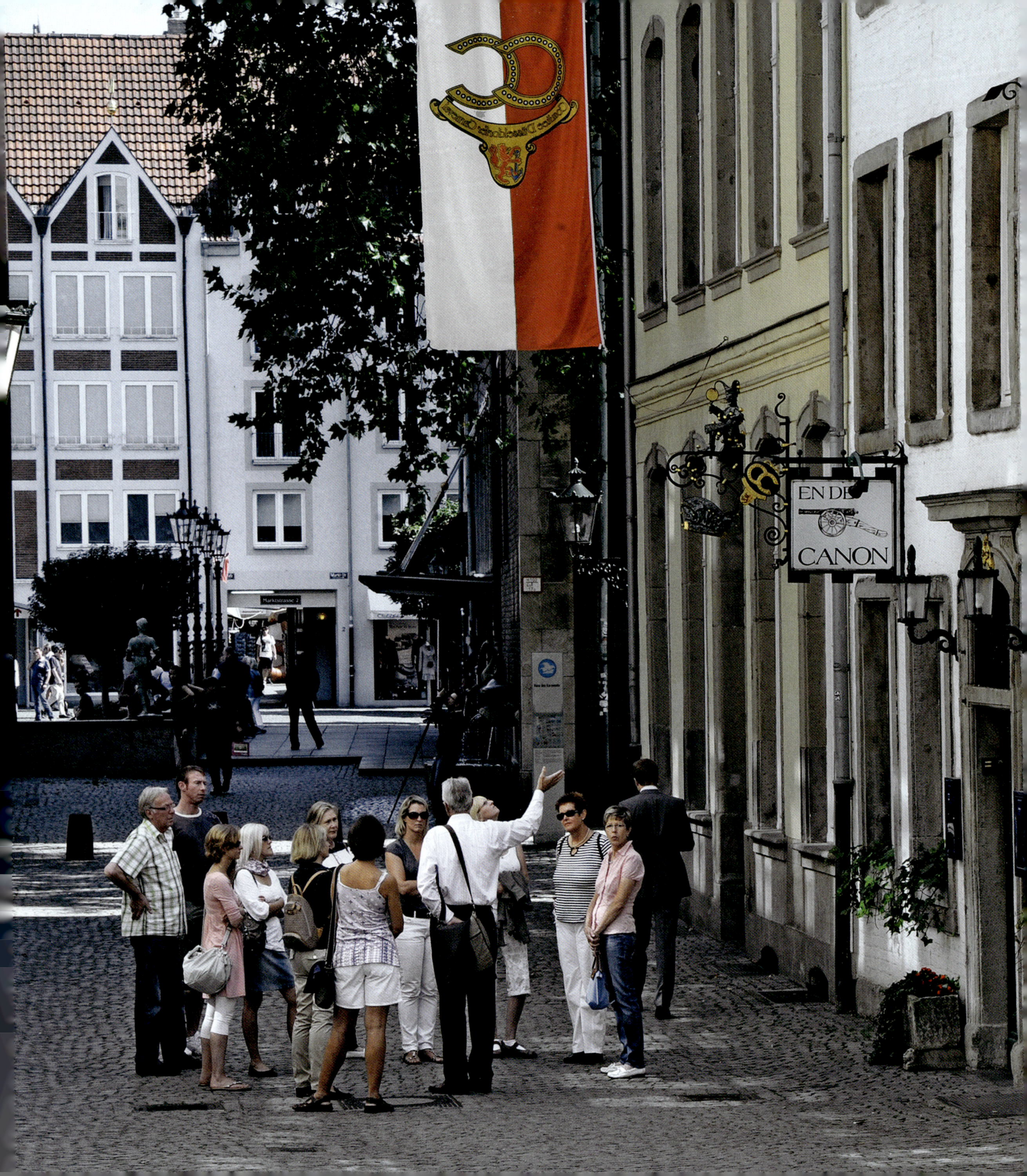
EN DE
CANON

Naherholung zum Nulltarif

Kö und Düsseldorfer Altstadt mit der bekanntlich „längsten Theke der Welt" – sicherlich die Anziehungspunkte bei einem Düsseldorf-Besuch. Wer den Einheimischen folgt, die diesem Trubel zumindest eine Mittagspause lang entfliehen wollen, wird schnell in einer der Düsseldorfer Parkanlagen landen. Herauszuheben ist sicherlich der Südpark, der wiederum in drei Teile gegliedert ist. Einer dieser drei Teile ist der Volksgarten, 1987 auch Schauplatz der Bundesgartenschau. Der Volksgarten hat sich viel von seiner Natürlichkeit bewahrt, der Park mutet fast ein bisschen romantisch an. Kleine Weiher und Teiche laden den stressgeplagten Hauptstädter und natürlich alle anderen Besucher zum Verweilen ein.

Genauso unentgeltlich zu besuchen wie der Volksgarten ist der Wildpark Grafenberg mitten im Grafenberger Wald. Im 40 Hektar großen Gelände trifft man Rehe und Hirsche sowie Muffelwild und Wildschweine, immer vorausgesetzt, die eher scheuen Tiere stimmen diesem Treffen zu und lassen sich sehen. Anders das Damwild-Gehege, hier ist das Insichtkommen garantiert und wer mag, kann die Tiere sogar füttern. Die Düsseldorfer legen übrigens Wert darauf, dass der Wildpark kein Zoo ist. Den gibt es auch und wer eine Schwäche für alles das hat, was sich am und im Wasser tummelt: Der Düsseldorfer Aquazoo ist besonders für Familien ein beliebtes Ausflugsziel.

Für eine Mittagspause raus aus dem Stress in die Grünanlagen Düsseldorfs

Von Japan nach Frankreich

Von Tokio an die Seine, in Düsseldorf ist das kaum mehr als ein Katzensprung, denn das im Süden der Stadt gelegene Schloss Benrath verströmt schon einen Hauch von Versailles. Das Ensemble von Lustschloss und dem Park mit seinen Teichen und Grachten gilt als das architektonische Prunkstück der Landeshauptstadt. Gebaut wurde es übrigens von Kurfürst Karl-Theodor ab 1755 als Alterssitz für die Kurfürstin. Richtig, von Karl war schon die Rede, denn auf ihn geht der Karlplatz zurück, der zum Carlsplatz wurde. Die Innenausstattung des Schlosses schlägt den Bogen von prunkvollem Rokoko in den Privatgemächern bis zum eher sachlich-nüchternen Klassizismus in den Räumen für öffentliche Empfänge. Besonders zu empfehlen ist ein Besuch auf Schloss Benrath im Frühling, wenn der Park in voller Blüte steht. Außerdem sind im Schloss zwei sehenswerte Museen untergebracht: Das Museum für Europäische Gartenkunst im Ostflügel und das Museum für Naturkunde im Westflügel. Die Besichtigung des Schlosses selbst ist nur im Rahmen von Führungen möglich. Empfängt die nordrhein-westfälische Landesregierung gerade hohen Besuch, kann es aber auch sein, dass das Schloss dann für das Publikum geschlossen bleibt und seinem „Nebenjob" als repräsentativer Ort für den Empfang hochrangiger Staatsgäste nachgeht.

Stiftung Schloss und Park Benrath
Benrather Schlossallee 100–106
40597 Düsseldorf
Tel.: (0211) 8997100
www.schloss-benrath.de

Prunkstück Düsseldorfs:
das Schloss Benrath

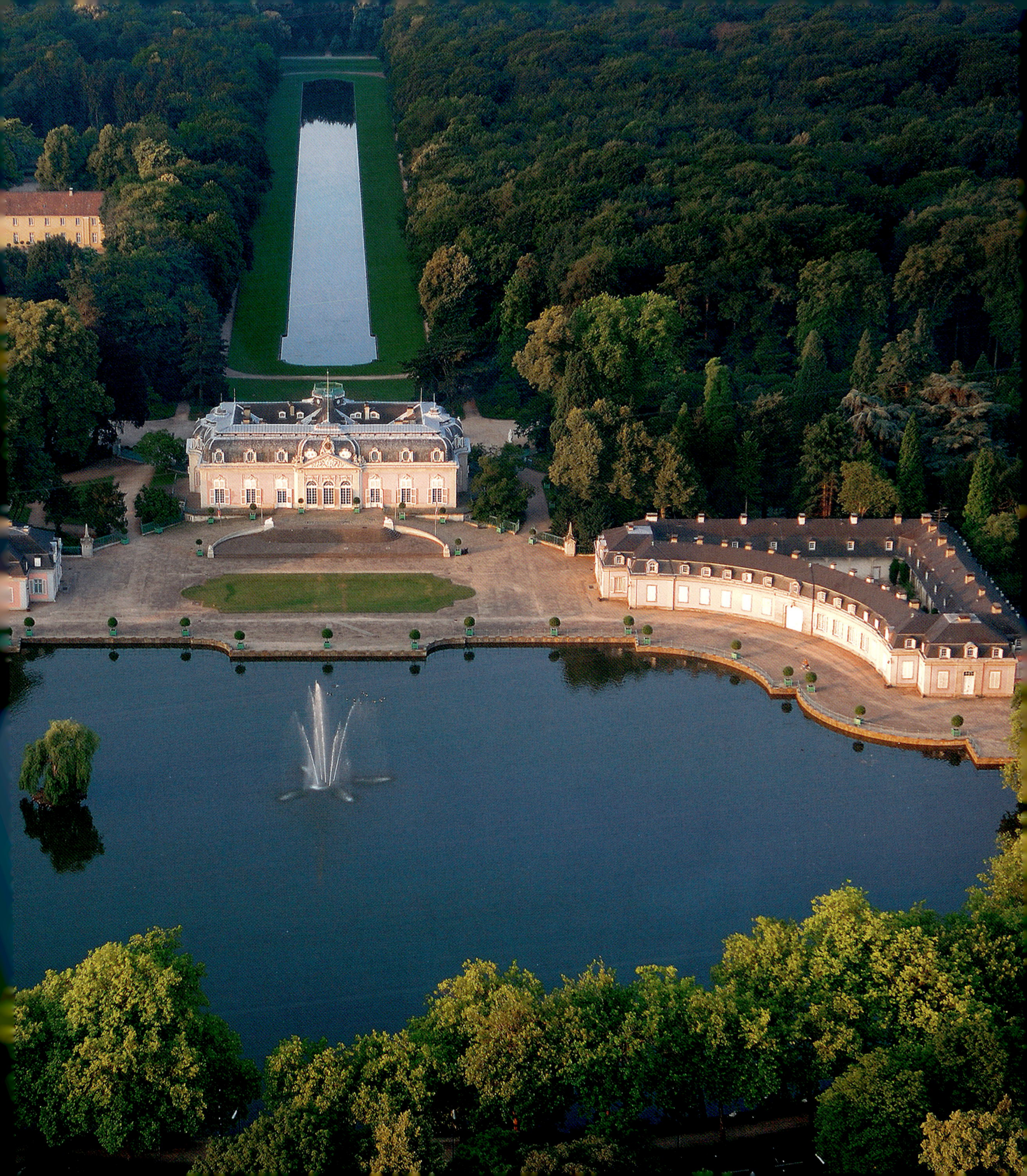

Klingt nüchtern, wirkt aber durchaus
bombastisch: die Kunsthalle K 21

Kunst und Kunstmuseen

Wer alle Düsseldorfer Museen und Sammlungen besuchen will, muss sich schon mehr Zeit nehmen, als es der Jahresurlaub eines normalen Arbeitnehmers hergibt, dazu sind es einfach zu viele. Theatermuseum, Filmmuseum, ein Keramikmuseum, ein Uhren- und ein Senfmuseum, ein Museum für Schifffahrt und eines für Karneval und viele mehr, die Liste ließe sich nahezu beliebig fortsetzen. Im Rahmen unseres Besuches in der Landeshauptstadt haben wir den Fokus auf die in Düsseldorf beheimatete Kunstsammlung Nordrhein-Westfalens gelegt, namentlich die Ausstellungen in den beiden Ausstellungskomplexen K 20 und K 21. Werke von Picasso bis Warhol, von Matisse bis Beuys sind hier zu sehen, dazu kommen wechselnde Ausstellungen. Die nordrhein-westfälische Kunstsammlung hat im Bereich der so genannten „klassischen Moderne" Weltgeltung erlangt.

K20
Grabbeplatz 5
40213 Düsseldorf
Tel.: (0211) 8 38 10
www.kunstsammlung.de

K21
Ständehausstraße 1
40217 Düsseldorf
Tel.: (0211) 8 38 12 04
www.kunstsammlung.de

Tipp von Stefan

Im Rahmen der Sendung haben wir das Heinrich-Heine-Institut besucht, das quasi das Erbe eines der berühmtesten Söhne der Stadt verwaltet. Mir hat der Besuch Appetit gemacht, wieder einmal in den Werken des großen Dichters zu schmökern. Heine hat zwar keine Reiseführer geschrieben, aber was er über deutsche Städte zum Teil für ätzende Kommentare abgegeben hat, wirklich sehr unterhaltsam! Übrigens, Zitate über seine Heimatstadt Düsseldorf habe ich nicht gefunden, jedenfalls keine bissigen wie über andere Städte. Wer moderne Kunst abseits der arrivierten Museen erleben will, dem lege ich Julia Stoscheks Kunstsalon am Worringer Platz ans Herz. „Venus und Apoll" in einem ehemaligen Schönheitssalon sind schwer zu beschreiben, muss man selber gesehen und erlebt haben. Die Hausherrin würde es vielleicht so umschreiben: „alles bloß kein abgecleanter Art-Space". Wissen Sie Bescheid?!

Kom(m)ödchen und Bierchen

Ein Besuch der nordrhein-westfälischen Landeshauptstadt, was wäre er ohne eine Stippvisite in einer der renommiertesten deutschen Kabarettbühnen, dem Düsseldorfer „Kom(m)ödchen"?! Das nach dem Krieg von Lore und Kay Lorentz gegründete Theater zählt nach einer Durststrecke nach dem Tod der beiden legendären deutschen Kabarettisten und Theatermacher wieder zu den Hotspots für gehobene Bühnenunterhaltung. Nicht mehr ausschließlich dem politisch-literarischen Kabarett seiner Eltern verpflichtet, hat Sohn Kay Sebastian das Haus so behutsam wie erfolgreich zu neuen Ufern geführt. Ob Hugo Egon Balder oder Ernst Hilbich, Thomas Freitag oder Jochen Busse, Volker Pispers oder Harald Schmidt, die Liste ehemaliger Ensemble-Mitglieder liest sich wie das Who is Who der deutschen Kabarett- und Unterhaltungsszene. Nach der Vorstellung im Kom(m)ödchen ist es noch nicht zu spät für einen Kneipenbummel in der Düsseldorfer Altstadt. Die verdankt ihren Namen natürlich dem Bier, das hier vorzugsweise ausgeschenkt wird.

Kom(m)ödchen
Kay-und-Lore-Lorentz-Platz
40213 Düsseldorf • Tel.: (0211) 32 94 43
www.kommoedchen.de

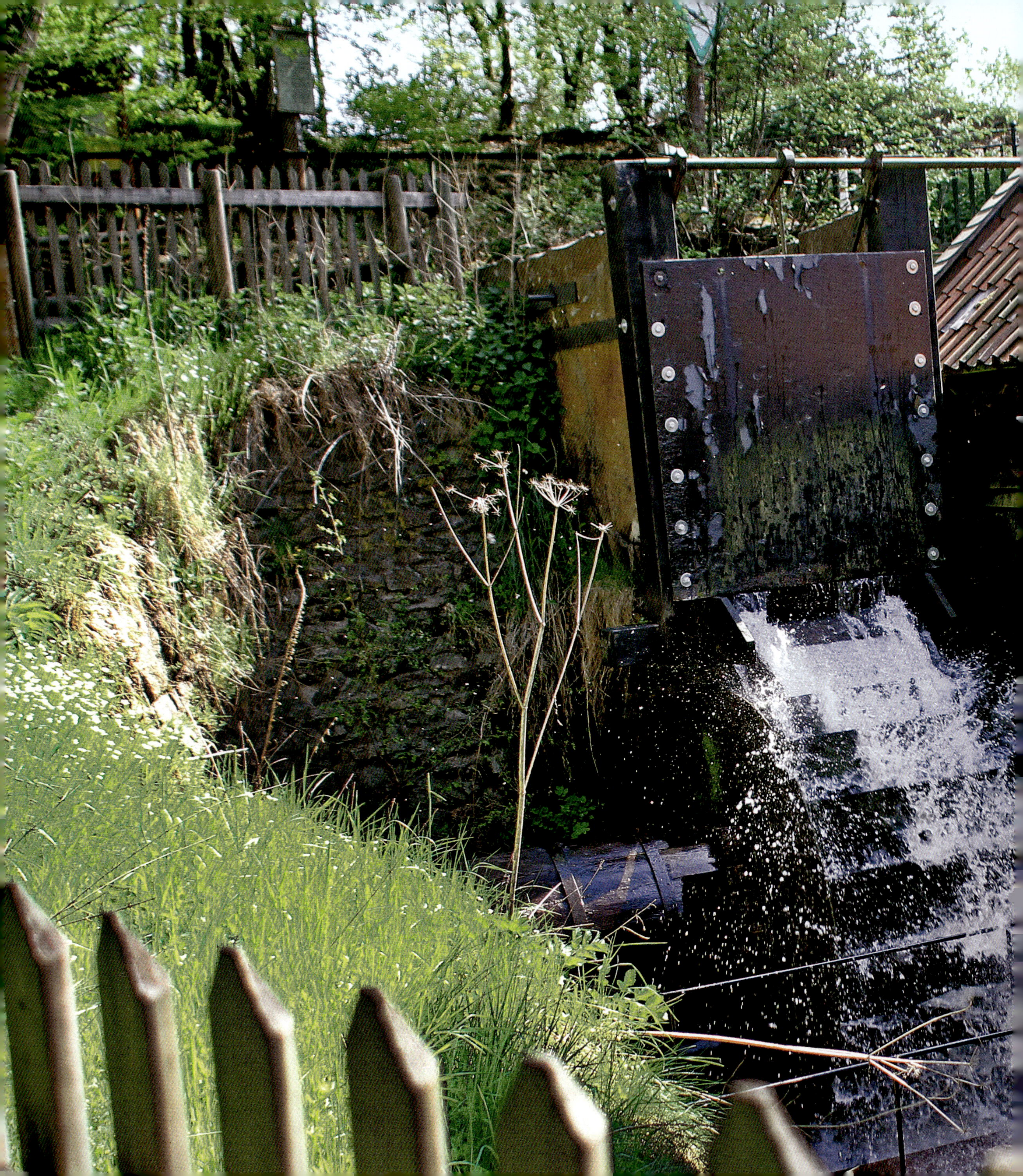

Im Tal der Wupper

Mehr als eine Kette von Bahnhöfen – Wuppertal

Es gehört zu den Städten, die schon im Namen verraten, wo sie denn herkommen oder hingehören, wo sie liegen und wo man sie findet: Wuppertal. Heinrich Böll muss Wuppertal mehrfach mit der Bahn durchreist haben, und zwar mit der, die auf Schienen fährt und nicht an Schienen hängt. Der große deutsche Schriftsteller hat Wuppertal einmal so charakterisiert: „Lange Zeit habe ich geglaubt, Wuppertal bestehe nur aus Bahnhöfen, aneinandergereiht, um die Lokführer nicht übermütig werden zu lassen, sie das Bremsen, Anfahren, Bremsen zu lehren." Bölls Zitat lässt darauf schließen, dass er eines Tages zu anderen Erkenntnissen über die Stadt im Tal der Wupper gekommen ist, und damit liegt Böll wie in vielen anderen Dingen völlig richtig. Wuppertal ist mehr als eine Perlenkette von Bahnhöfen!

Aus fünf mach eins

350 000 Einwohner drängen sich auf rund 33 Kilometern Wupperufer. Das war nicht immer so, aus einzelnen Siedlungen – Elberfeld rühmt sich, von Karl dem Großen persönlich in Form einzelner Herrenhöfe gegründet worden zu sein – wurde erst allmählich ein zusammenhängendes, sich im Tal der Wupper erstreckendes Stadtgebiet, das bis heute einen markanten „Wuppertaler" Stadtkern eher vermissen lässt. Eher muss man von mehreren Stadtkernen sprechen.

Erst 1929 schlossen sich Barmen, Elberfeld, Ronsdorf, Cronenberg und Vohwinkel zu einer Stadt zusammen, die zunächst „Barmen-Elberfeld" hieß. Es verwundert kaum, dass nicht alle Einwohner der neuen Metropole mit diesem Namen einverstanden waren, und so wurden schon ein Jahr nach der Stadtgründung die Bürger befragt, wie ihre Stadt denn nun heißen möge. Das Resultat war so einfach wie nahe liegend: Aus Barmen-Elberfeld wurde Wuppertal.

Die berühmteste Tochter der Stadt

Wie Niedersachsens Landeshauptstadt Hannover reklamiert Wuppertal für sich das Prädikat „Großstadt im Grünen", dabei hat ihre berühmteste Tochter mit Natur eher wenig zu tun, dafür aber eher mit Technik und Ingenieurkunst. Gemeint ist natürlich die Schwebebahn, Wahrzeichen und Aushängeschild der Stadt. 85 000 Fahrgäste befördert das vielleicht berühmteste Nahverkehrsmittel Deutschlands täglich zwischen den insgesamt 20 Stationen und der Gesamtstreckenlänge von 13 Kilometern. Geschwebt wird dabei in 12 Metern Höhe über dem Fluss überhaupt nicht, denn, so weiß es der technisch Versierte: Die Schwebe ist in Wirklichkeit eine „Einschienige Hängebahn nach dem System Eugen Langen". Letzterer war Unternehmer und Ingenieur und maßgeblich an der Entwicklung der einschienigen

ÖPNV unter Denkmalschutz: die Wuppertaler Schwebebahn

Hängebahn beteiligt. Ihre offizielle Inbetriebnahme 1901 erlebte Langen leider nicht mehr. Eine Fahrt in der Wuppertaler Schwebebahn, die übrigens seit 1997 unter Denkmalschutz steht, ist für viele ihrer Benutzer mehr als nur eine Fahrt von A nach B, um etwa zur Arbeit zu kommen. Darauf haben sich die Wuppertaler Stadtwerke als Betreiber seit Langem eingestellt. Regelmäßig schwebt der nostalgische Kaiserwagen zwischen Vohwinkel und Oberbarmen durch das Tal der Wupper.

Wuppertaler Stadtwerke
Bromberger Straße 39–41
42271 Wuppertal
Tel.: (0202) 5690
www.schwebebahn.de

> **Tipp von Stefan**
>
> *Was wäre die Geschichte der Wuppertaler Schwebebahn ohne ihren kuriosesten Zwischenfall. 1950 gastierte der Zirkus Althoff in Wuppertal, mit dabei die damals vierjährige Elefantendame Tuffi. Das Tier galt als besonders zutraulich und dabei völlig furchtlos. Tuffi war bei diversen PR-Auftritten bereits mehrfach Straßenbahn gefahren, hatte eine Hafenrundfahrt in Duisburg absolviert und sogar aus einem Weihwasserbrunnen in Altötting getrunken, als es dann am 21. Juli 1950 zu einer folgenschweren Fahrt mit der Wuppertaler Schwebebahn kam. Tuffi schien zu der eingleisigen Hängeschienenbahn nicht das größte Vertrauen zu haben. Kurz nach Beginn der Fahrt geriet der Elefant in Panik, riss sich los und stapfte wild trompetend durch den Wagen. Die nächste Station nicht mehr abwartend durchbrach das Tier ein Fenster und sprang 10 Meter tief in die Wupper, die hier lediglich einen halben Meter tief ist. Wie durch ein Wunder zog sich Tuffi nur ein paar Schrammen am Hinterteil zu. Die Sache hatte ein Nachspiel vor Gericht. Zirkusdirektor Althoff und der bei den Stadtwerken verantwortliche Verkehrsleiter wurden wegen „fahrlässiger Transportgefährdung und fahrlässiger Körperverletzung" zu einer Geldstrafe von 450 D-Mark verurteilt. Tuffi selbst machte danach eine Karriere beim Zirkus, sie starb 43-jährig als gefeierter Zirkuselefant in Paris. Das Kurioseste an der Geschichte ist für mich, dass trotz eines mit Journalisten vollbesetzten Wagens niemand ein Foto von dem historischen Elefantensturz gemacht hat. Was dagegen nicht kurios ist: Die Wuppertaler Schwebebahn wurde vom Gericht für „Elefanten-Transporte als nicht tauglich" eingestuft, worauf man in der Wuppertaler Schwebebahn bis heute keinen einzigen Elefanten mehr gesehen hat.*

Kein Verzicht auf Elefanten

Trotz der Zugangsbeschränkung für Elefanten in der Schwebebahn, in Wuppertal muss niemand auf den Anblick der Dickhäuter verzichten, ganz im Gegenteil. Der Zoologische Garten Wuppertals hat eines der erfolgreichsten Zuchtprogramme für Elefanten und er ist darüber hinaus einer der beliebtesten Zoos Deutschlands. Aus einem Test der Zeitschrift „Stern" ging der Wuppertaler Zoo 2008 sogar als drittbester Großzoo Deutschlands hervor. 1881 eröffnet, gehört der Wuppertaler Zoo zu den ältesten Tierparks hierzulande. Im Wuppertaler Zoo, nach dem übrigens auch der Stadtteil benannt ist, können die Besucher heute mehr als 5000 Tiere erleben.

Zoologischer Garten Wuppertal
Hubertusallee 30
42117 Wuppertal
Tel.: (0202) 563600
www.zoo-wuppertal.de

Altehr- und sehenswürdig

Nur wenige Meter entfernt von der Historischen Stadthalle Wuppertals, bis heute eine beliebte Tagungs- und Veranstaltungsstätte, findet der Wuppertal-Besucher ein Bauwerk, das vor allem durch seine geschwungene Dachkonstruktion auffällt. Im Prinzip nichts anderes als ein großes Hallenbad ist das Gebäude doch etwas Besonderes, nicht zuletzt wegen seines Namens. Die Wuppertaler sind zu Recht stolz auf ihr größtes Hallenbad, das hier niemand so nennt. Nein, diese Nasszelle hört auf den Namen „Schwimmoper". Gesungen wird hier höchstens unter den Duschen, der Name geht zurück auf eine Diskussion nach dem letzten Krieg, bei der man darüber nachdachte, am jetzigen Standort des Hallenbades die damals schwer beschädigte Wuppertaler Oper wieder aufzubauen. Doch der Plan wurde fallen gelassen, die Oper gibt es, aber woanders. Stattdessen wurde dem Wuppertaler Schwimmsport eine auch architektonisch gelungene Heimat gegeben, was sich wohl auch auf die Leistung der Wuppertaler Sportschwimmer auswirkt. In Sachen Erfolg können den Wuppertaler Kraulern und Brustschwimmern nicht viele in Nordrhein-Westfalen das Wasser reichen. Wenn dann noch von der 1600 Zuschauer fassenden Tribüne die heimischen Schwimmer angefeuert werden, schon gar nicht mehr.

Wuppertaler Schwimmoper
Südstraße 29
42103 Wuppertal
Tel.: (0202) 5 63 26 30
www.wuppertal.de

Gesungen wird hier nur unter der Dusche:
die Wuppertaler „Schwimm-Oper"

Berühmte Tochter aus der Nachbarschaft

Philippine „Pina" Bausch, † 2009

Philippine Bausch, besser bekannt und berühmt als Pina Bausch, wurde im benachbarten Solingen geboren. Tänzerin, geniale Choreografin und berühmteste Ballettdirektorin der Welt, machte Pina Bausch Wuppertal in den 1970er-Jahren zur weltweit beachteten Bühne moderner Tanzkunst. Bausch avancierte zur Kultfigur der internationalen Tanzszene, auch wenn traditionell orientierte Ballettenthusiasten sie zum Teil anfeindeten und auspfiffen. Wo schon die Schwebebahn nicht wirklich schwebt, die Tanzkompagnie der Barmer Oper tut es auch nach Pina Bauschs Tod 2009 allemal.

Wuppertaler Bühnen
Kurt-Drees-Straße 4
42283 Wuppertal
Tel.: (0202) 5 63 76 00
www.wuppertaler-buehnen.de

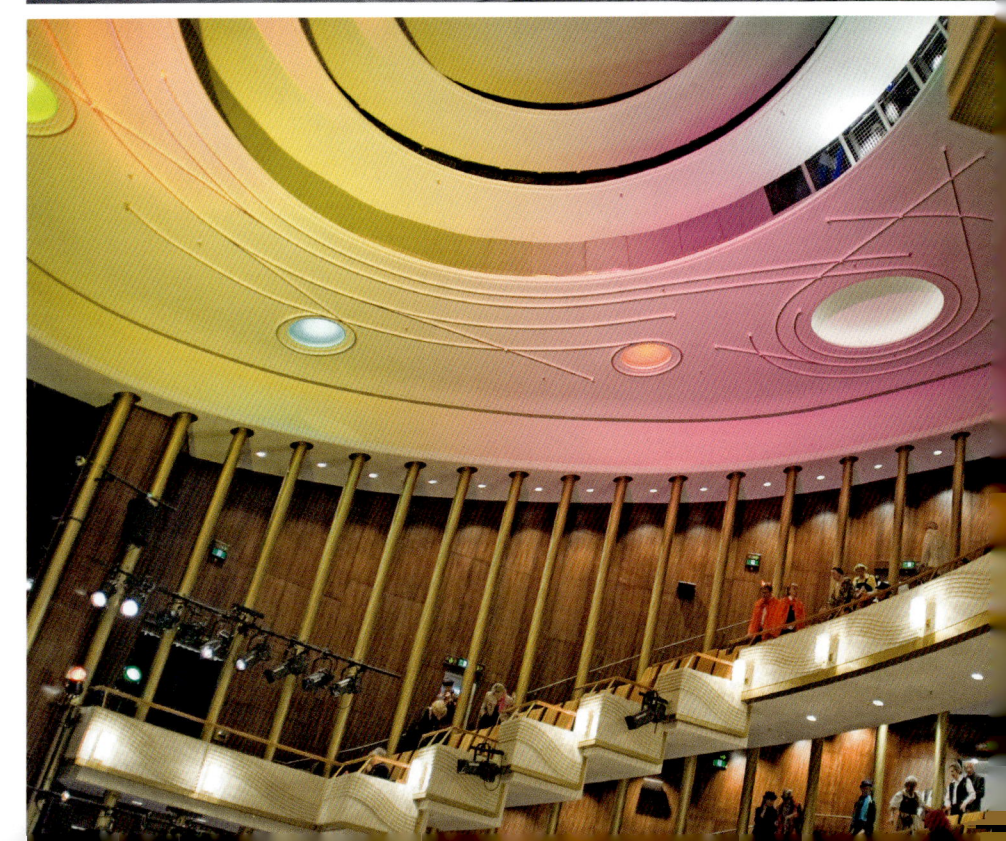

Zwischen Ölberg und Briller Viertel

Ein Hauch von Jerusalem mitten in Wuppertal? Eher nicht, auch wenn der Ölberg anderes vermuten lässt. Tatsächlich ist der Ölberg in der Altstadt von Elberfeld eines der größten zusammenhängenden Denkmalgebiete in ganz Deutschland. Seine Namen verdankt der Ölberg keineswegs irgendeiner Ähnlichkeit zur biblischen Stätte im Heiligen Land, sondern dem Umstand, dass hier bis in die 20er-Jahre des vorigen Jahrhunderts hauptsächlich Arbeiter wohnten. Als ringsherum die nobleren Quartiere wie etwa das Briller Viertel längst über elektrischen Strom verfügten, wurde im Arbeiterviertel Elberfelds Licht hauptsächlich mit Petroleum-Lampen erzeugt. Der Ölberg heißt Ölberg, weil hier die Menschen abends an Öllampen saßen. An anderer Stelle wird ja über die Wuppertaler Kuriosität des „Stinkefrei" berichtet, das den Schulkindern gewährt wurde, wenn die Wupper wieder einmal allzu sehr nach Industriekloake stank. Wer sich im Stadtteil Brill ansiedeln konnte, war da gefeit. Um die in Hanglage gebauten Villen und Bürgerhäuser wehte schon damals immer ein frischer Wind.

Tipp von Stefan

Was mir bei meinem Besuch in Wuppertal in lebhafter Erinnerung geblieben ist, sind die zahllosen Treppen, die die einzelnen Straßenzüge und Wohnblocks miteinander verbinden. 500 öffentliche Treppen mit mehr als 12 000 Stufen, da kann man an einigen Stellen schon ins Schwitzen kommen. Meine damalige Reisebegleiterin, Moderatoren-Kollegin Catherine Vogel, machte mich mit einer Sportart vertraut, für die die Wuppertaler Treppen bestens geeignet sind: Cross-Boccia. Dabei wirft man keine Kugeln, sondern kleine farbige Sandsäckchen, die auch auf Treppenstufen liegen bleiben. Kann man sich sogar selbst basteln. Cross-Boccia zwischen Gründerzeit-Villen in Wuppertal – mal was anderes!

Die Wiege stand an der Wupper
Industriekultur

Besiedlung und Industrialisierung an der Wupper, sie gehen nahezu Hand in Hand oder genauer gesagt „Hand in Hammer". Von jeher wurden der Fluss und seine Nebenflüsse intensiv zum Betrieb von Hammerschmieden, Mühlen und Schleifbetrieben, so genannten Schleifkotten, genutzt. Später kamen Textilbetriebe dazu, im 16. Jahrhundert war das Bleichen von Garn eine Domäne der Wupperregion. Es gibt nicht wenige, die die Wiege der Industrialisierung in Europa auch an den Ufern der Wupper stehen sehen. Das handwerkliche und kleinindustrielle Werken an ihren Ufern nahm die Wupper zunächst mit Bergischer Gelassenheit und ohne erkennbare Schäden. Doch dies änderte sich bald, immer größere Betriebe siedelten an der Wupper. Zu Schmieden und Hämmern kamen Spinnereien und Färbereien hinzu, später dann metallverarbeitende Betriebe und der Maschinenbau. Der Fluss als Ökosystem starb, aus der einst fischreichen Wupper wurde spätestens im 19. Jahrhundert eine stinkende Kloake, lediglich das Geld, das mit ihrer Kraft verdient wurde, stank nicht. Der letzte Lachs wurde 1830 im Fluss gefangen, ob er noch genießbar war, ist nicht überliefert. Fakt ist, die Wupper geht buchstäblich über die Wupper, wobei noch zu klären ist, wie es zu diesem geflügelten Wort kam. Gut, dass die Geschichte des Flusses ein Happy End hat. Die Evangelisten mögen es verzeihen, die tote Wupper hatte das größte Comeback seit Lazarus.

Eine Übersicht erradeln

Wer sich über die Industrialisierung an der Wupper einen Überblick verschaffen will, begibt sich am besten auf den Wupper-Trail. Entlang der historischen Bahnlinie durch das Tal der Wupper gelang es, einen Teil der ehemaligen Trasse für touristische

Der Chef brachte den Dung

Im kleinen Örtchen Dahlerau sollte man die Draisinenfahrt unbedingt unterbrechen, um sich eines der besterhaltenen Industriedenkmäler der Region anzuschauen: die Tuchfabrik Wülfing. Mehr als 180 Jahre wurden hier Stoffe gewebt und Stoffmuster entworfen. Das Wasser der Wupper trieb die Spinnräder und Webstühle an, es entstand eine so genannte Volltuchfabrik. Hier wurden alle Arbeitsschritte von der Rohwolle bis zum fertigen Anzug unter einem Dach vollzogen. 1996 war damit endgültig Schluss, das Unternehmen konnte dem internationalen Druck nicht mehr standhalten. Einige Mitarbeiter führen das Haus als Museum bis heute weiter, ein Indiz dafür, dass ihnen ihr ehemaliger Arbeitsplatz immer noch am Herzen liegt. Für heutige Spitzenmanager zur Nachahmung empfohlen, für ihre Belegschaft bauten die Inhaber der Tuchfabrik eigene geräumige Wohnungen mit Toiletten und kleinen Gärten. Der Chef, so wird bis heute berichtet, brachte den Dung für den Garten persönlich vorbei. Neben dem Maschinenpark mit der einst größten Dampfmaschine des Bergischen Landes kann man in Dahlerau auch noch etwas fürs Leben lernen. So erzählen die Museumsführer gerne, dass Weberehen am längsten hielten. Wer sein Arbeitsleben lang an den lauten Webstühlen zugebracht hatte, der war so gut wie taub und quittierte das Gezänk daheim allenfalls mit einem freundlichen Nicken.

Zwecke umzunutzen. Auf Fahrrad-Draisinen kann man am kleinen Bahnhof Radevormwald-Dahlhausen einsteigen und bis Beyenburg etwas mehr als acht Kilometer auf Gleisen entlang historischer Industriestätten radeln. Die Fahrt ist für Hobby-Radler kein Problem, auch wenn sie die eine oder andere Steigung aufweist.

Wuppertrail e.V.
Bahnhof Dahlhausen
42477 Radevormwald
Tel.: (0212) 88 16 06 65
www.wupper-trail.de

Johann Wülfing & Sohn Museum
Am Graben 4–6
42477 Radevormwald-Dahlerau
Tel.: (0 21 91) 66 69 94 (Herr Wolfgang Masanek); (0 21 91) 66 32 19 (Frau Rosemarie Kötter)
www.wuelfing-museum.de

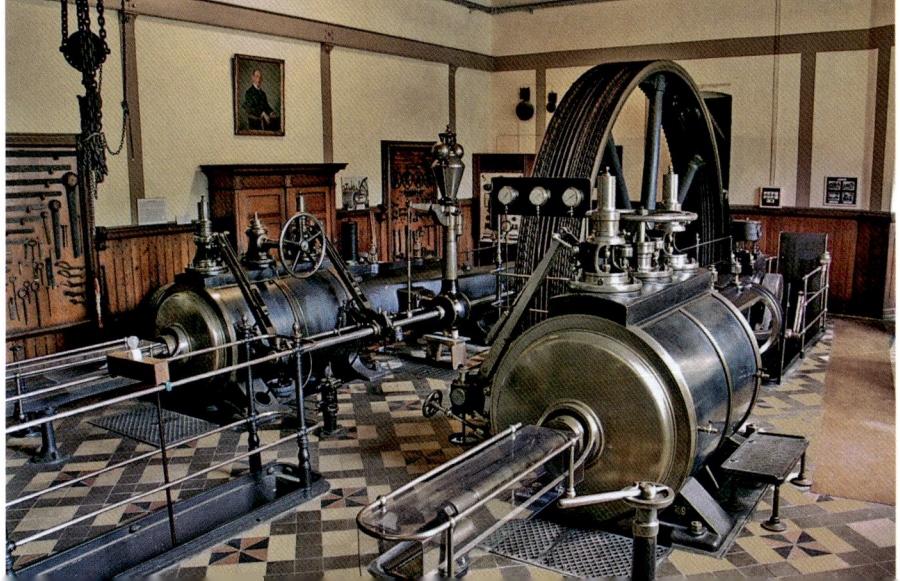

Von der Volltuchfabrik zum „Voll-Museum": die Tuchfabrik Wülfing

Leben und arbeiten heißt Kotten

Im Solinger Ortsteil Obenrüden lässt sich bestenfalls noch ahnen, wie und woran hier früher gearbeitet wurde. Der Obenrüdener Kotten, heute ein schmuckes Privatdomizil mit Ferienwohnungen, war jahrhundertelang ein Industriebetrieb mit wechselvoller Geschichte. Die Bezeichnung „Kotten" wurde im Bergischen Land nur dort verwendet, wo unter einem Dach gelebt und gearbeitet wurde. Insofern darf der Begriff bis heute für die Gebäude in der Wupperkurve gelten. Nach den Blaufärbern kamen die Schleifer nach Obenrüden. Aus dem ursprünglichen Fachwerkgebäude wurde um 1900 ein geräumiger Ziegelbau, der das Anwesen bis heute prägt. Geschliffen und poliert wurden hier vornehmlich Messer und Scheren. 1979, im letzten Jahr als Betriebsstätte, arbeiteten im Obenrüdener Kotten immerhin noch 45 Leute, die hauptsächlich Klingen für eine Solinger Besteckfabrik schliffen. Nach gut 20-jährigem Leerstand, in dem der Kotten bis zum Schandfleck herunterkam, darf die Umnutzung heute als überaus gelungen bezeichnet werden. Neben einem Privatwohnhaus können hier Ferienwohnungen angemietet werden und in den Fabrikgebäuden hat avantgardistische Kunst ein Zuhause gefunden.

Obenrüdener Kotten
Obenrüdener Kotten 1
42657 Solingen
Tel.: (02128) 70180
www.obenruedener-kotten.de

Aus dem Schandfleck wurde ein Schmuckkästchen: der Obenrüdener Kotten

In Form bringen: Die Kunst der Scherenherstellung

Sich um Scheren scheren

Wir bleiben noch einen Moment in Solingen, bis heute Inbegriff der Kunst des Scheren- und Messerklingenschleifens. In der Gesenkschmiede Hendrichs wurden von 1886 bis 1986 hauptsächlich Scheren hergestellt. Gesenkschmiede bedeutet hierbei, dass glühend heißer Stahl in eine Form gepresst wird. Dies geschieht hier bis heute, wenn auch nicht mehr gewerblich. Im 100. Jahr seines Bestehens wurde die Gesenkschmiede 1986 zu einem Museum für Industriekultur. Die letzten verbliebenen Mitarbeiter wurden zu Museumsangestellten, die ihren Besuchern demonstrieren, wie Scheren hergestellt werden.

Tipp von Stefan

Museen wie die Gesenkschmiede Hendrichs faszinieren mich auf meinen „Wunderschön"-Reisen immer wieder. In Solingen wirkt alles so, als wenn die Belegschaft nie wirklich aufgehört hätte, hier zu produzieren. Sämtliche Maschinen sind noch an Ort und Stelle, sogar die Washräume mit den drehbaren Waschschüsseln sind erhalten und natürlich stehen im Kontor noch die alten Schreibmaschinen. Da hier ja regelmäßig Vorführungen stattfinden, ist die Gesenkschmiede auch für Kinder interessant. Auch um eine Schere kann man sich scheren!

LVR-Industriemuseum • Gesenkschmiede Hendrichs • Merscheider Straße 297
42699 Solingen • Tel.: (0212) 23 24 10 • www.industriemuseum.lvr.de

Die Wiege stand an der Wupper – Industriekultur

Noch ein Hammer

Den letzten voll funktionsfähigen Bergischen Wasserhammer findet man im Gelpetal an der Grenze zwischen Wuppertal und Remscheid: den Steffenshammer. Werkzeuge und Kleineisenteile wurden hier einst mit der Kraft der Wupper geschmiedet. Hammer ist nicht gleich Hammer, der Steffenshammer ist ein so genannter „Schwanzhammer mit hölzernem Viergespann". Das muss man aber gar nicht wissen, wenn man ihn in beeindruckender Funktion erleben will. Bereits im 18. Jahrhundert errichtet wurde der Steffenshammer bis 1958 zumindest gelegentlich gewerblich benutzt, bis er dann wie eine Reihe von Industrieanlagen an der Wupper eine zweite Karriere als Museum machte.

Steffenshammer
Clemenshammer 3
42855 Remscheid
Tel.: (0 97 79) 53 37
www.steffenshammer.de

Idyllisch gelegen: der Steffenshammer zwischen Wuppertal und Remscheid

Wo steckt die goldene Niete in der Müngstener Brücke?

Über die Wupper fahren und gehen

Sie zählt zwar nicht zu den Industriedenkmälern der Region, stellt aber doch ein Bauwerk von herausragender Bedeutung dar, die Müngstener Brücke. 107 Meter über dem Tal der Wupper wurde 1894 bis 1897 die höchste Eisenbahnbrücke Deutschlands errichtet, ein Meisterwerk der Brückenbaukunst. 5000 Tonnen Stahl wurden mit 950 000 Nieten zu einem 465 Meter langen Koloss verarbeitet. Einer Überlieferung nach soll die letzte eingeschlagene Niete übrigens aus Gold gewesen sein, gefunden wurde sie bis heute nicht. Nachweislich falsch ist es, dass sich der Erbauer wegen angeblicher Falschberechnungen von der noch unfertigen Brücke in den Tod stürzte. Dies taten leider viele andere, ihre Selbstmordrate machte die Brücke geradezu zu einem Mythos, trotz mehrfach verschärfter Sicherheitsvorkehrungen. Gekostet hat die Brücke bei ihrem Bau rund 2,6 Millionen Reichsmark. Bei der für ihren Unterhalt zuständigen Deutschen Bahn wird man wehmutsvoll an diese Summe denken. So ist für die gerade laufende Sanierung der Brücke ein Betrag von 30 Millionen Euro veranschlagt.

Tipp von Stefan

„Über die Wupper gehen" dürfte vielen ein Begriff sein, auch wenn sie nicht im Bergischen Land zuhause sind. Über die Herkunft dieser Umschreibung für „den Tod zu finden", gibt es unterschiedliche Auffassungen und Erklärungen. Naheliegend ist die Erklärung, dass Straftäter, die im Gerichtsgebäude auf der Wupperinsel in Elberfeld zum Tode verurteilt wurden, zum Richtplatz „über die Wupper" geführt werden mussten. Ähnlich plausibel klingt die Erklärung, dass Verstorbene mangels Friedhöfen beiderseits der Wupper über den Fluss zur Beerdigung gebracht wurden. Interessant ist eine Deutung, bei der junge Männer auf der Flucht vor einer Zwangsrekrutierung des preußischen Königs Friedrich Wilhelm I. die Wupper überquerten und sich im benachbarten Herzogtum Berg in Sicherheit brachten. Die behielten immerhin ihr Leben. Wie dem auch sei, ich rate allen, die über die Wupper wollen, die kleine Schwebefähre unter der Müngstener Brücke zu benutzen. Dabei ist noch keiner über die Wupper gegangen!

Die Wiege stand an der Wupper – Industriekultur

Das Geschenk des Zwergenkönigs – Die Wupper

Das waren noch Zeiten, als man aus Dankbarkeit einen Fluss schenkte! Der Sage nach verdankt die Wupper ihre Entstehung einem nahezu verhungerten Zwergenkönig, der von einer Erdbeeren sammelnden Frau gerade noch mit ein paar Früchten gerettet werden konnte. Aus Dankbarkeit habe er seinen Zwergenstab in die Erde gerammt und dabei die Wupperquelle erschaffen. Wenn das stimmt, muss der Zwergenkönig geradezu außer sich vor Freude gewesen sein, denn die eine Wupperquelle gibt es gar nicht. In Wirklichkeit sind es 37 kleine Quellen in einem recht sumpfigen Gebiet bei Marienheide, wo die Wupper entspringt. Ohne jemandem ein I für ein U vormachen zu wollen, zunächst heißt der Fluss gar nicht Wupper, sondern Wipper. Apropos Namen, derer hatte der 116 Kilometer lange Fluss im Laufe der Jahrhunderte einige. Wipper und Wupper, Wepper und Wuepper, ja sogar Wopper hieß die Wupper. Wenn im Rheinland bier- oder weinselig das Lied angestimmt wird vom Vater Rhein, den man in seinem Bett gesehen habe, dann kräuseln sich auf der Wupper die Wellen. Vater Rhein? Von wegen. Es ist geologisch bewiesen, dass die Wupper viel älter als der Rhein ist. Als sie sich schon vor 30 Millionen Jahren durch das spätere Bergische Land schlängelte, war Vater Rhein noch gar nicht geboren. Also umtexten oder der Mutter Wupper endlich ein Lied widmen!

Schadstofffrei statt „stinkefrei" – ein Fluss wird umgedreht

Nicht, dass die Wupper nun von Leverkusen nach Marienheide fließt statt umgekehrt, nein, die Wupper ist ein gutes Beispiel dafür, wie ein Fluss in den letzten Jahrzehnten aus seinem Dasein als Antriebswelle für die Industrie und als Abwasserkanal der gesamten Region wieder zu einem Fluss wurde, der heute zu den artenreichsten Fließgewässern Nordrhein-Westfalens zählt. Noch vor 50 Jahren wurde in den Schulen des Bergischen Landes den Kindern erzählt, die Wupper sei der fleißigste Fluss Deutschlands, transportiere sie doch die größte Menge Dreck. Wenn der Fluss an manchen Tagen so fürchterlich roch, dass man es in seiner Nähe nicht aushalten mochte, gab es in den Schulen tatsächlich „stinkefrei" und die Kinder durften nach Hause gehen. Das hat sich total gewandelt. Im Quellgebiet der Wupper oder genauer der Wipper sind Feuersalamander und Kammmolch wieder genauso zuhause wie Eisvogel oder Wasseramsel. In dem kalten und sauerstoffreichen Wasser der Wupper finden sich mittlerweile 30 Fischarten, unter ihnen der Lachs. Das am häufigsten an der Wupper anzutreffende Tier ist nicht zu übersehen, entlang des Flusses gibt es 350 Milchbetriebe mit insgesamt 18 000 Kühen.

Ku(h)ltur an der Wupper

Wo bei Wipperführt (eben nicht Wupperführt) aus der Wipper die Wupper wird, stößt der Wanderer vielleicht auf eine dieser 18 000 Kühe, auf Lotte. Genauer gesagt auf das Konterfei von Lotte, die zum Begehen des Milchweges einlädt. Als Teil des Projektes „Kuhlturlandschaft" können sich hier Wanderer, aber auch Schulklassen und Milchfans auf vier Kilometern rund um das weiße Gold des Bergischen Landes informieren. Auf acht Tafeln bleibt keine Frage zur Milch unbeantwortet. Übrigens: Lotte gibt es tatsächlich, sie versieht ihren Dienst auf dem Milchhof der Familie Werner in Lendringhausen. Als Start und Ziel empfiehlt sich die Jugendherberge Wipperführt, hier stehen auch Parkplätze zur Verfügung.

Jugendherberge Wipperführt
Ostlandstraße 34
51688 Wipperführt
Tel.: (0 22 67) 12 28
www.kuhlturlandschaft.de

Echt „kuhl": Milchkuh
Lotte informiert über Milch

Das Geschenk des Zwergenkönigs

Der Stausee mit zwei Mauern

Als Nutzwassertalsperre ein Dorado für Wassersport: die Bever

Entlang der Wupper gibt es insgesamt 15 Talsperren bzw. Stauseen. Am bekanntesten und wegen ihrer Wassersportmöglichkeiten vielleicht auch am beliebtesten dürfte die Bevertalsperre sein. Tauchen, Schwimmen, Segeln, Paddeln, das breit gefächerte Freizeit- und Wassersportangebot an der Bever erklärt sich dadurch, dass sie nicht zur Trinkwasserversorgung beiträgt, sondern eine sogenannte Nutzwassertalsperre ist. Die Bever verhindert, dass die Wupper über die Ufer tritt, und sie stellt ebenso sicher, dass der Fluss auch in regenarmen Perioden nicht trockenfällt. Früher war die Bevertalsperre früher Dorado für wildes Campen, Grillen am Wasser, FKK und vieles mehr war. Diese sehr liberalen Zeiten sind aber vorbei, auch an der Bever wacht mittlerweile das Auge des Gesetzes streng über die Einhaltung aller für den Umwelt- und Naturschutz unerlässlichen Regeln. Die Bevertalsperre stellt eine Besonderheit dar, denn sie besitzt zwei Staumauern. Die zunächst 1898 errichtete Staumauer wurde bei der Erweiterung des Sees und der damit verbunden Aufstockung des Wasservolumens 1938 so weit abgetragen, dass sie unter der Wasseroberfläche verschwand. Heute ist nur noch die neue Mauer von 1938 sichtbar, wenn man von Tauchern absieht, bei denen sich die alte Mauer großer Beliebtheit erfreut.

Tipp von Stefan

Ich hatte das Vergnügen, mit Yong-Hun Kim von der DLRG Hückeswagen auf der Bever mit dem Boot zu fahren. Hunni, wie ihn seine Freunde nennen dürfen, wurde als Kind koreanischer Eltern in Hückeswagen geboren und kümmert sich darum, dass auf dem Stausee nichts passiert. Wir waren morgens ganz früh auf dem See, ein besonderes Erlebnis! Wenn die Frühnebel über dem Wasser wabern, dann kann man ein bisschen nachvollziehen, warum die Wupper auch „Bergischer Amazonas" genannt wird. Fehlen nur wilde Indianer mit Blasrohren!

Klettern mit Ausblick

Zu einem beliebten Ausflugsziel an der Wupper hat sich sicherlich der Klettergarten Hückeswagen entwickelt. In einen lebenden Baumbestand integriert lockt der Klettergarten mit insgesamt 52 Stationen in einer Höhe von vier bis immerhin 12 Metern. Es kostet am Anfang vielleicht etwas Überwindung, aber dann macht das Kraxeln über wackelige Holzleitern und Stege großen Spaß. Klettern, Abseilen und natürlich die rasante Talfahrt, ein naturnahes und natürlich jederzeit sicheres Vergnügen im Brunsbachtal an der Wupper.

GHW Klettergarten
Zum Sportzentrum 17
42499 Hückeswagen
Tel.: (0 2192) 9 35 66 61
www.ghw-klettergarten.de

Durchhängen und Abseilen
im Klettergarten Hückeswagen

Paddeln wie ein Weltmeister

An und auf der Wupper gibt es zahlreiche Anbieter von Kanu- und Kajaktouren. Der Fluss bietet nicht zuletzt deshalb gute Wassersportbedingungen, weil er, wie bereits erwähnt, durch Talsperren und Stauseen in seinem Wasserstand relativ stabil ist. In Solingen steigt Thomas Becker regelmäßig ins Boot. Der dreimalige Mannschafts-Weltmeister im Wildwasser-Kanufahren bietet an der Wupper geführte Touren an und so wild, wie es bei seinen Wettkämpfen früher zuging, ist es auf der Wupper nun wirklich nicht.

WupperKanuTouren
Hagedornweg 6a
42699 Solingen
Tel.: (0212) 2642705
www.wupperkanutouren.de

Tipp von Stefan

Es muss nicht der Weltmeister Thomas Becker sein, mit dem Sie in die Wupper stechen, aber eine Kanutour auf ihr sollten Sie sich wirklich gönnen! Es hat mich wirklich überrascht, wie viele Tier- und Pflanzenarten man bei einer solchen Tour mit etwas Glück beobachten kann. Leider ist mir eine Begegnung nicht gelungen: Ich habe keine Schildkröten angetroffen, die es hier wirklich geben soll. Also doch der Bergische Amazonas!

Die Wupper: bei konstantem Wasserstand ein Paradies für Paddler

Technik und Natur müssen keine Feinde sein, lernen die Kinder auf Gut Ophoven

Natur und Gut

Bevor Mutter Wupper bei Leverkusen Sohn Rhein mit ihrem Wasser verstärkt, empfiehlt sich noch ein kleiner Abstecher zum NaturGut Ophoven. Von Naturschützern wurde das NaturGut vor 30 Jahren als Natur- und Schulbiologiezentrum gegründet; daraus entwickelt hat sich eines der renommiertesten Umweltinformationszentren Deutschlands. Tausende von Schülern kommen jedes Jahr nach Ophoven, sie sollen für einen rücksichtsvollen, nachhaltigen Umgang mit der Natur und ihren Ressourcen sensibilisiert werden. Was sehr theoretisch klingt, kommt an der Wupper sehr praktisch und anschaulich daher. Von Experimenten in der Natur bis zu Filmvorführungen und Vorträgen, 80 verschiedene Programme bringen den Besuchern des NaturGuts Ophoven die Natur näher und vor allem, wie man gut mit ihr lebt.

Förderverein NaturGut Ophoven e.V.
Talstraße 4
51379 Leverkusen
Tel.: (0 21 71) 73 49 90
www.naturgut-ophoven.de

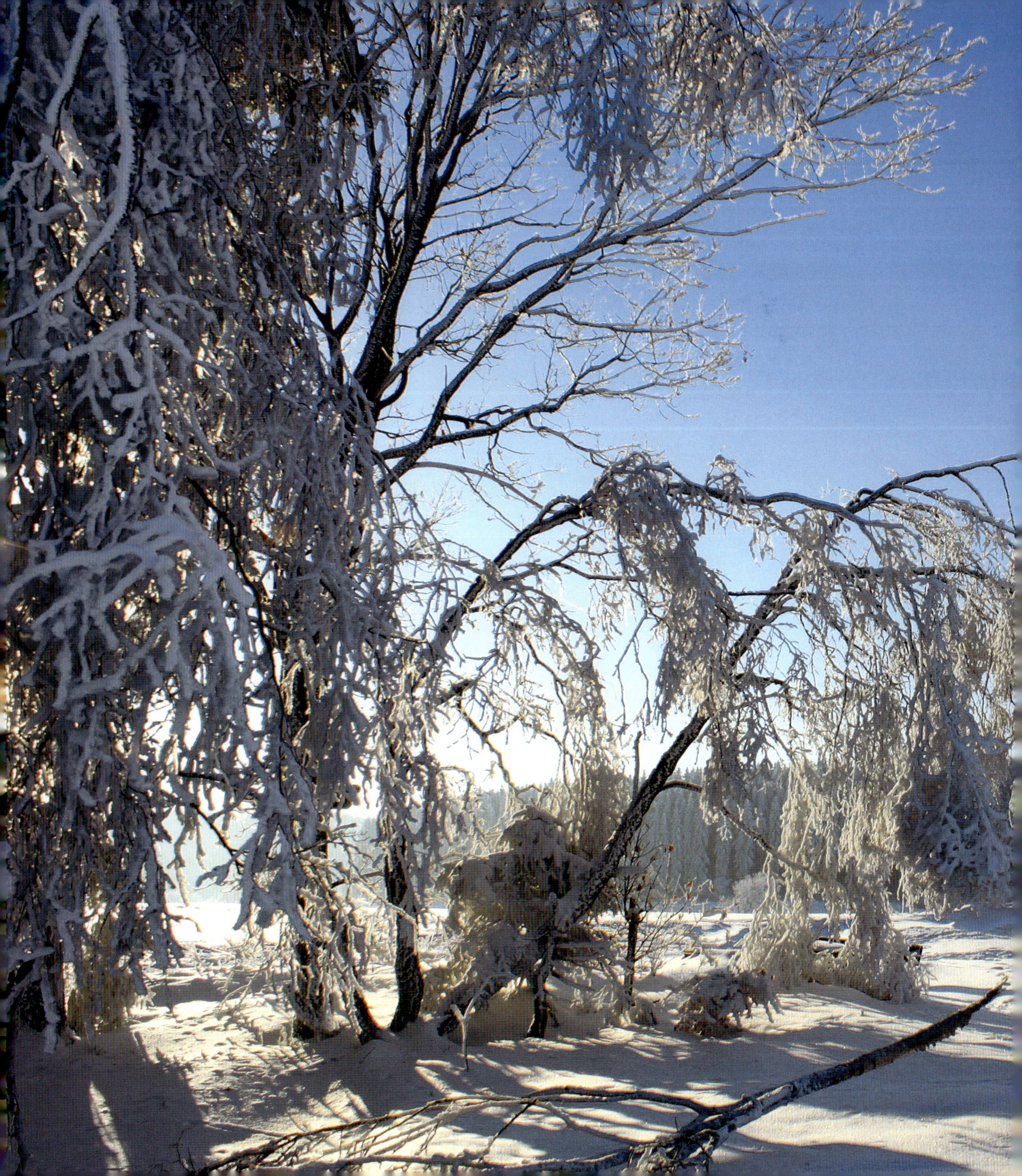

Das Sauerland

Winterspaß in Ebbe- und Rothaargebirge

So sauer sind die gar nicht oder
„Mit hmm und woll geht alles leichter"

Was muss sich das Sauerland und was müssen sich seine Bewohner alles für Vorurteile gefallen lassen! Das fängt schon mit dem Namen an, der ja, weiß Gott, alles andere als „süße" Erlebnisse verheißt. Dabei sind im Sauerland weder die Böden noch der Regen sauer, und die Menschen sind es schon gar nicht.
Wer mit einem Sauerländer warm werden will, muss schon einen Sack Salz mit ihm gegessen haben, wird oft behauptet, was natürlich völliger Quatsch ist, denn ein Sack reicht da bei Weitem nicht! Was lehrt uns das? Sauerländern darf man nicht alles glauben, und den Schalk haben sie nicht nur im Nacken, sondern oft auch auf der Zunge. So ist das sauerländische „Hmm" eine Zustandsbeschreibung, die für Einheimische – je nach Betonung – von „himmelhoch jauchzend" bis „zu Tode betrübt" wirklich alles bedeuten kann. Merke: Mit „hmm" kommt man mit Sauerländern problemlos ins Gespräch und wenn man statt „gell" wie in Süddeutschland ein „woll" ans Satzende hängt, ist man so gut wie eingebürgert. Na ja – fast!
Als sicher gilt aber, dass sich der Name der Mittelgebirgsregion nun wirklich nicht von Sauer im geschmacklichen Sinne ableitet, sondern eher vom niederdeutschen „Suer", was so viel wie „Süden" oder „südlich" bedeutet. Das Sauerland ist das Land im Süden; was Nordrhein-Westfalen betrifft, ist das so sicher wie das Amen in der Kirche von Winterberg.

Skisport – aller Anfang ist leicht

Es muss ja nicht gleich die steilste Abfahrt im Skigebiet rund um die Winterberger Kappe sein. Wer erstmals auf Brettern steht, sollte es vielleicht zunächst mit der „Schmalspurvariante" versuchen. Im Skilanglaufzentrum Schmallenberg-Westfeld findet der Anfänger nicht nur Fachleute wie die ehemalige deutsche Langlauf-Spitzenathletin Ramona Brandenburger. Wer will, kann bei ihr oder auf eigene Faust, oder besser „auf eigenem Fuß" die schmalen Langlaufskier ausprobieren. Gleichgewicht und Balance, das Ganze mit leicht gebeugten Knien und auf flachem Gelände. Ein Wochenende reicht in der Regel aus, so die erfahrene Langläuferin, um vom Greenhorn auf Skiern zum mittelprächtigen Skilangläufer zu werden. 80 Kilometer umfasst das gespurte Loipennetz des Skilanglaufzentrums – und da sollte sich für jeden Anspruch die richtige Spur finden lassen. Sollte der Winter und mit ihm der Schnee ein bisschen aus der Spur geraten, da haben die Schmallenberger vorgesorgt. So werden die Loipen mit Kunstschnee immer wieder in Form gebracht.

Skilanglaufzentrum Hochsauerland Westfeld-Ohlenbach
57392 Schmallenberg Westfeld
Tel.: (02975) 850
www.skilanglaufzentrum.de

80 Kilometer gespurte Loipen, das Langlaufzentrum in Schmallenberg-Westfeld

Pisten, Pils und Polizei

Sechs Berge und insgesamt 26 Liftanlagen – das ist das alpine Wintersportzentrum rund um Winterberg in Zahlen. Das Sauerlandstädtchen Winterberg hat sich trotz schicker Boutiquen und einer breit gefächerten Gastronomie viel von seiner sauerländischen Ursprünglichkeit bewahrt. Die leidet allerdings in den Wintermonaten schon ein bisschen, wenn Tausende von Skiläufern aus nah und fern anreisen, um hier zu Tal zu wedeln. Ob Postwiese oder Sahnehang, die Pisten aller Kategorien passen sich den topografischen Gegebenheiten der Mittelgebirgslandschaft perfekt an.

Wo am Wochenende die Skiläufer Besitz von Winterberg ergreifen, ist auch die Obrigkeit nicht fern. Skidiebstähle und Rowdytum auf der Piste sind gottlob seltene, aber unliebsame Begleiterscheinungen des Skiparadieses an der Winterberger Kappe. Gut, dass es da die Pistenpolizei gibt! Es handelt sich um mit Skiern ausgerüstete Beamte der Winterberger Wache, die ein bisschen nach dem Rechten sehen und auch schon einmal ins Röhrchen pusten lassen, wenn der Fahrstil allzu „eigenwillig" wirkt. Wer übrigens meint, den Beamten im Zweifelsfall davonfahren zu können, der sei gewarnt: Die Pistenpolizei ist gut zu Ski!

Tipp von Tamina

Natürlich stehen der Wintersport und das Vergnügen auf zwei Skiern auf den Winterberger Pisten im Vordergrund, aber wer abends nicht in einer der zahllosen Gaststätten und Restaurants bei einem leckeren Sauerländer Pils abhängen will, dem möchte ich eine Rückkehr auf die Piste empfehlen, wenn nachts Schnee gemacht wird. Es sind beeindruckende Bilder, wenn aus Dutzenden von Schneekanonen die weiße Pracht auf die Hänge rieselt und die Pistenraupen nach einer wie einstudiert wirkenden Choreographie auf und ab rasen!

Ich selber konnte es bei den Dreharbeiten an der Winterberger Kappe wegen meiner damaligen Schwangerschaft leider nicht ausprobieren, aber wer den Skizirkus in Winterberg in voller Fahrt erleben will, der sollte sich eine Fahrt im „Taxi-Bob" gönnen. Einmal mit 130 km/h durch die Kurven der Weltcup-Bobbahn Winterberg zu Tal rasen, ist ein Erlebnis der besonderen Art! Erfahrene Bobpiloten sitzen an den Seilen und sorgen für eine rasante, aber in jeder Situation sichere Fahrt.

Olympic Bob Race GbR
Unterm Dumel 30 • 59955 Winterberg • Tel.: (01805) 007263 • www.olympic-bob-race.de

100 Jahre Wintersport in einer Stunde

Seit 15 Jahren gibt es das Wintersportmuseum in Winterberg-Neuastenberg im historischen Schultenhof. Die liebevoll und sachkundig zusammengetragene Sammlung zeigt mehr als 100 Jahre Wintersportgeschichte im Sauerland. Von den ersten Anfängen mit zumeist selbst gezimmerten Skiern bis zu dem, was Oma und Opa früher unter der dreiviertellangen Knickerbocker auf der Piste trugen. Apropos selbst gezimmert, in kleinen praktischen Vorführungen kann sich der Wintersportbegeisterte ein Bild machen, wie im Sauerland früher Skier hergestellt wurden, bevor eine hoch spezialisierte Ausrüstungsindustrie diesen Markt für sich entdeckte und eroberte.

Das Wintersportmuseum: ein unterhaltsamer Querschnitt von old fashioned bis olympisch

Westdeutsches Wintersportmuseum
Neuastenberger Straße 19
59955 Winterberg-Neuastenberg
Tel.: (02981) 2636
www.skimuseum-winterberg.de

Mit Borstenvieh auf Du und Du

An den Ohren, den Borsten und der Stellung des Schwanzes kann Heinz Mettbach erkennen, wie die Wildschweine im Gehege des Wildwalds Vosswinkel gerade „so drauf sind". Tierpfleger Mettbach gehört seit vielen Jahren zum Team des Wildwalds in der Nähe von Arnsberg. Wie (überlebens)wichtig diese Gabe ist, seinen 250 Bachen, Keilern und Frischlingen anzusehen, in welcher Stimmung sie sich gerade befinden, stellte sich bei unserem Dreh im Wildwald schnell heraus.

Die Fütterung der Wildschweine ist sicherlich einer der Höhepunkte für die Besucher des Wildwalds, der sich in den letzten Jahren über die Landesgrenzen hinaus zum Publikumsmagneten entwickelt hat. Ganzjährig geöffnet, bietet er den Tieren weitgehend natürliche Lebensbedingungen mit einem harmonisch in den Arnsberger Wald eingebetteten Ambiente. Neben den Wildschweinen, die man bei der Fütterung fast hautnah erleben kann, kann man vom Rehwild über Waschbären und Greifvögel fast alle Bewohner der heimischen Wälder in ihrer natürlichen Umgebung erleben.

Der Wildwald ist ganzjährig geöffnet und bietet seinen Besuchern den Jahreszeiten angepasst besondere Angebote und Einblicke. Besonders spektakulär ist die Paarungszeit der Wildschweine. Wenn die „Rausche" kommt, halten auch erfahrene Wildpfleger wie Heinz Mettbach den Atem an ... und sich selbst lieber fern!

Wildwald Vosswinkel
59757 Arnsberg-Vosswinkel
Tel.: (02932) 97230 • www.wildwald.de

Tipp von Tamina

Den Wildwald Vosswinkel kann ich auch als Mutter zweier Kinder sehr empfehlen, er ist wirklich ein Erlebnis für die ganze Familie! Ich werde meinen Besuch dort nicht vergessen, denn ich durfte mit Heinz Mettbach ins Gehege der Wildschweine zur Fütterung. „Immer dicht hinter mir bleiben", hatte er mir eingeschärft und alles lief auch wirklich glatt. Bis dann einer unserer Kameraleute eine besondere Perspektive des wuchtigen Keilers einfangen wollte und dafür mit seiner Kamera in die Hocke ging. Damit wurde er für den Keiler zum ebenbürtigen Gegner und das konnte man sofort feststellen. „Vorsicht, der nimmt Sie an!", rief Heinz. Übersetzt aus der Jägersprache heißt das so viel wie: „Achtung, der hat Sie als Gegner oder Konkurrenten ausgemacht und will angreifen!" Unser Kameramann konnte sich gerade noch rechtzeitig wieder zu voller Höhe erheben, um diesen Fehler zu korrigieren und Schlimmeres zu vermeiden. Nebenbei bemerkt wurde dann „der nimmt Sie an" zum geflügelten Wort während der restlichen Drehtage im Sauerland.

Das Sauerland

Eiskalte Kunst in Hallenberg

Joachim Knorra – eiskalte Kunst mit dem Brenner

Beruflich beschäftigt sich Joachim Knorra vor allem mit Aluminium. Doch wenn er das Werksgelände seines Arbeitgebers in Hallenberg verlässt, widmet er sich einem ganz anderen Material. Joachim Knorra ist seit vielen Jahren leidenschaftlicher Eis-Bildhauer. Wenn er bei Minusgraden in seinem Open-Air-Atelier mit Kettensäge, japanischem Spezial-Meißel und Feile schweren Eisblöcken zu Leibe rückt, dann tut er das grundsätzlich ohne wärmende Handschuhe, denn das Material, dem er sich verschrieben hat, braucht viel Fingerspitzengefühl, so der Meister.

Kunstwerke, die manchmal nur wenige Stunden leben, die aber zum Beispiel als aufwändige Büffetdekoration für Staunen sorgen. Aal in Aspik war gestern – Rose in Eis ist heute, jedenfalls in Hallenberg und vorzugsweise im Winter! Wer Knorras Eisskulpturen auch im Sommer bewundern möchte, kann dies im vielleicht kleinsten Museum des Sauerlandes tun: Im Eishäuschen in Hallenberg kann man sich davon überzeugen, dass man Eiskunst nicht nur auf Schlittschuhen laufen, sondern auch mit dem Meißel und Brenner modellieren kann.

Joachim Knorra
Feldbergweg 22
59969 Hallenberg-Hesborn
Tel.: (02984) 2415
www.ekjk.de
www.eishaeuschen-hallenberg.de

Eiskunst mit harten Bandagen

Ob es immer ein „Winterspaß" ist, was sich unter dem Dach der Eissporthalle am Seilersee so abspielt, das sei dahingestellt. Doch seitdem die Kanadier nach dem Krieg im Raum Iserlohn fünf Eishallen bauten, um ihrem Nationalsport frönen zu können, gibt es Eishockey im Sauerland.

Seit Jahren mischen die Iserlohn Roosters in der Deutschen Eishockey Liga mit und schon mancher Favorit hat am Seilersee bei den Sauerländer (Kampf-)Hähnen seine Federn gelassen. Eishockey muss man direkt an der Bande erleben! Schon wenn die dick gepanzerten Profis sich nur warm machen, bekommt man einen Eindruck davon, wie es im Sauerland zuweilen auch zur Sache geht. Wenn der einzige höchstklassige Profiverein des Sauerlandes dann für Punktspiele aufs Eis läuft, ist es mit der Sauerländer Gemütlichkeit vorbei!

Sauerland-Fernwanderwege:
Der Rothaarsteig

Drei Wege – ein Ziel

Drei Fernwanderwege führen durch das Sauerland: der Rothaarsteig, der Sauerland-Höhenflug und die Sauerland-Waldroute. Die Idee, die allen drei Wanderwegen zugrunde liegt, war und ist es, das traditionell sehr dichte und gut beschilderte Wegenetz des Sauerlands zu themenbezogenen Fernstrecken miteinander zu verbinden und zu vernetzen, wobei sich die Wege zum Teil kreuzen und die Themenschwerpunkte der Wege zum Teil identisch sind. So führt der Rothaarsteig natürlich auch über Höhenzüge und Gipfel und der Höhenflug durchzieht auch das Rothaargebirge. Die Sendung „Wunderschön" hat sich bislang mit dem kürzesten und dem längsten der drei Wege in Sendungen beschäftigt. So wanderte Tamina Kallert 2008 auf dem Rothaarsteig, mit 154 Kilometern der kürzeste der drei, während Stefan Pinnow 2013 auf dem mit 251 Kilometern längsten Fernwanderweg der Region, dem Sauerland-Höhenflug, unterwegs war. Drei Wege – ein Ziel: dem Wanderer die schönsten Punkte und Ziele des Sauerlandes gewissermaßen an einer Perlenschnur aufgereiht zu präsentieren.

154 Kilometer führt der Rothaarsteig von Dillenburg nach Brilon

Der Weg der Sinne – Der Rothaarsteig

Der Rothaarsteig ist zwar der kürzeste unter den drei Fernwanderwegen, dafür aber der älteste. Der 2001 eröffnete Rothaarsteig führt vom hessischen Dillenburg im Süden durch das Rothaargebirge auf der Grenze zwischen Sauerland und Siegerland bzw. Wittgensteiner Land, quer durch die Wintersportmetropole Winterberg bis nach Brilon im Norden. Der Rothaarsteig wird gemeinhin in acht Etappen in Längen von 15 bis 25 Kilometern unterteilt. Der Weg gilt unter Wanderern aufgrund seiner Höhenprofile und Anstiege von bis zu 15 Prozent als vergleichsweise anspruchsvoll. Der Rothaarsteig wurde vom Deutschen Wanderinstitut in Marburg mit dem Wandersiegel „Premiumweg" ausgezeichnet. Der Hauptweg ist mit einem leicht stilisierten, auf der Seite liegenden weißen R auf rotem Grund gekennzeichnet, das in seiner Symbolik einen Höhenzug andeutet. Der Rothaarsteig nennt sich auch der „Weg der Sinne". Wer einmal in den eigens für den Wanderweg entworfenen Holzliegen am Wegesrand pausiert und dabei die Augen schließt, wird sich spätestens dann an diesen Namen erinnern!

Rothaarsteigverein
Johannes-Hummel-Weg 2
57392 Schmallenberg
Tel.: (01805) 15 45 55
www.rothaarsteig.de

Mit Hüten hüten

Sie gehören zum Rothaarsteig wie das Pils zum Sauerland, die zehn Ranger des NRW Landesbetriebes Wald und Holz. Gut erkennbar an ihrer grünen Kluft und dem typischen Ranger-Hut sind sie mit vielfältigen Aufgaben betraut. So fungieren die Ranger als Wanderführer, aber auch als Ordnungshüter entlang des Weges, sie bauen Unterstände und reparieren Holzstege und achten darauf, dass die Natur auch durch die intensive Begehung durch den Menschen keinen Schaden nimmt, sind also gewissermaßen Wildhüter und Hausmeister zugleich. Von der alten Bezeichnung „Rothaarsteig-Ranger" mussten die zehn Ranger Abschied nehmen, denn ihre Aufgabengebiete beschränken sich nicht mehr nur auf einen Fernwanderweg, sondern auf alle, sie sind mithin auf allen Fernwanderwegen im Sauer- und Siegerland unterwegs.

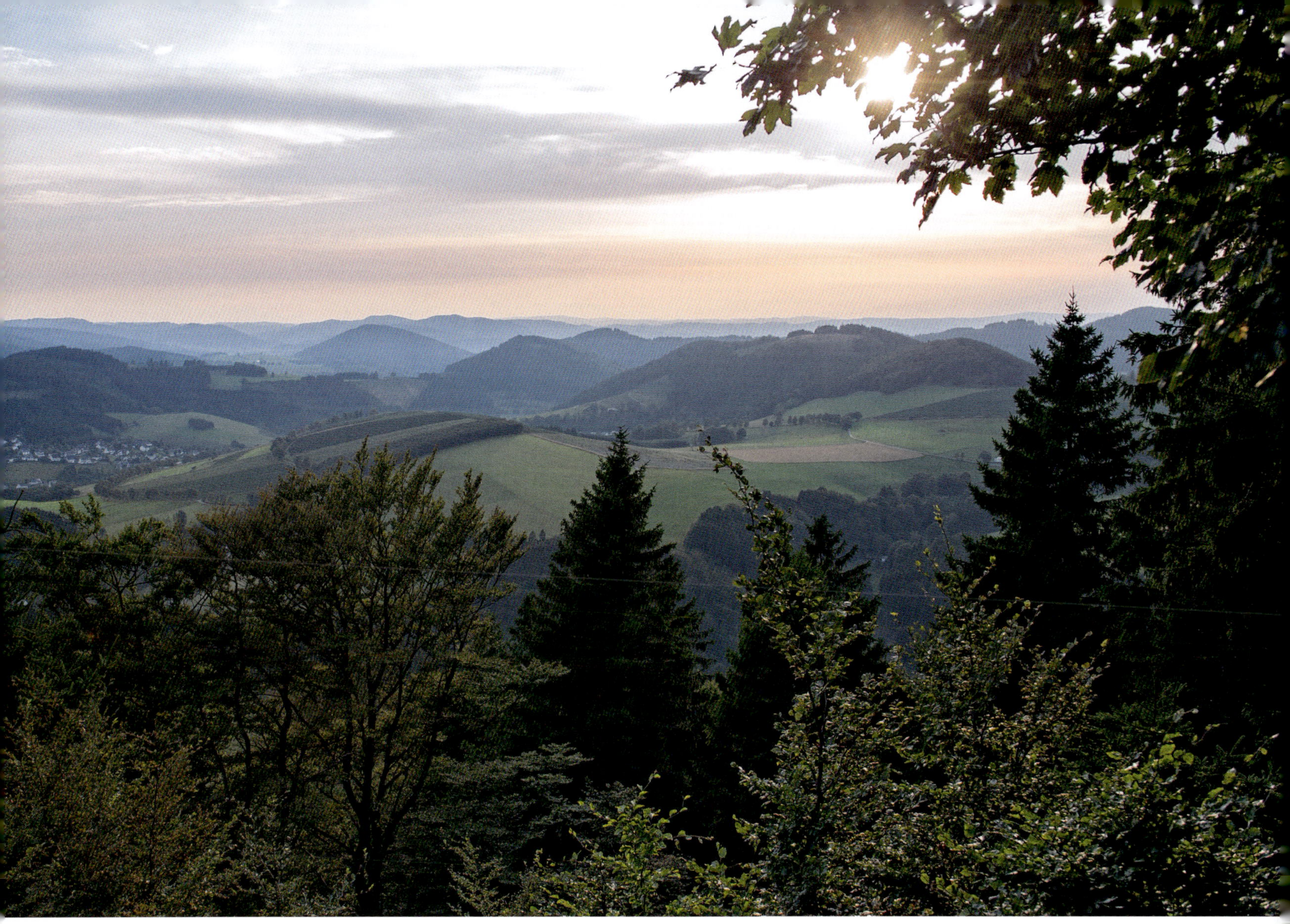
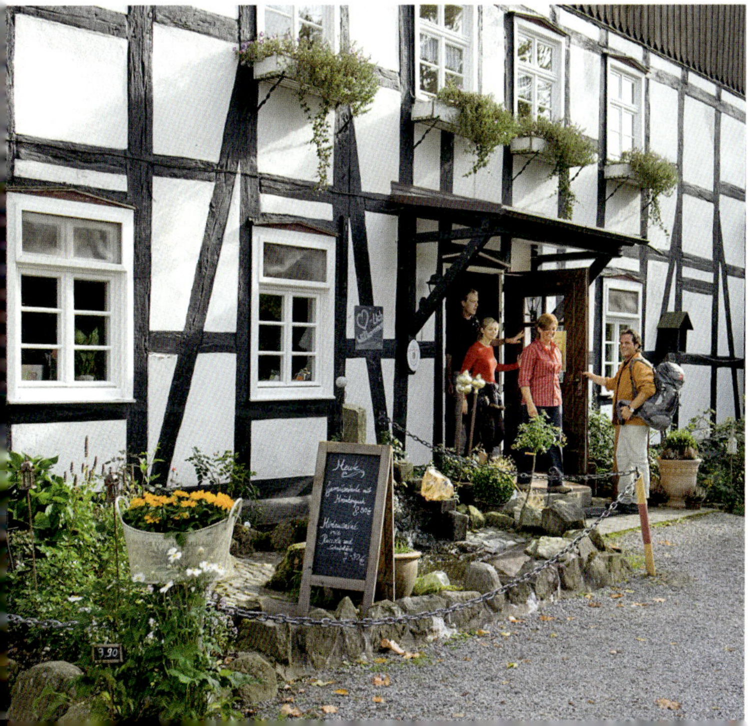
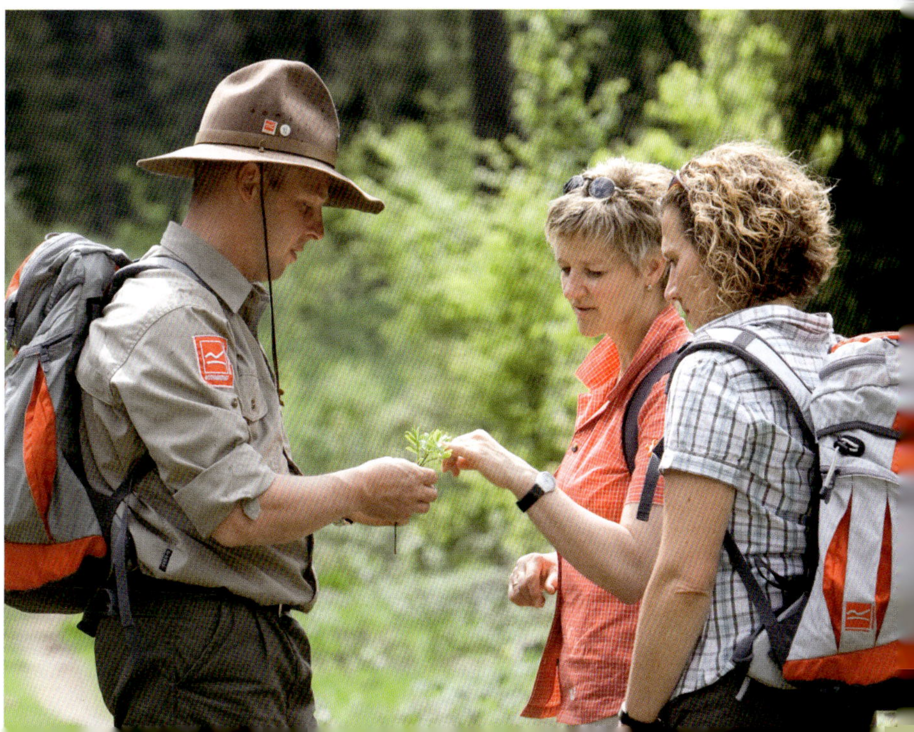

Von Königen und Bettlern

Wer den Rothaarsteig im Süden, im hessischen Dillenburg beginnt, sollte sich nicht wundern, wenn er in dem kleinen Städtchen auffallend viele holländische Kfz-Kennzeichen sieht. Dillenburg ist für jeden königstreuen Niederländer eine Wallfahrtsstätte, hier wurde Wilhelm von Nassau-Dillenburg geboren, der spätere Wilhelm I. von Oranien. Bekannt wurde er aber unter seinem Beinamen „der Schweiger", weil er die Gräueltaten der spanischen Inquisition angeblich unkommentiert ließ. Wilhelm war nicht nur schweigsam, er war auch zeit seines Lebens vergleichsweise arm und dieses Schicksal teilte er im 16. Jahrhundert mit vielen seiner Untertanen. Dass diese Armut durchaus erfinderisch machen kann, beweist ein Abstecher vom Rothaarsteig ins wittgensteinische Dorf Girkhausen bei Bad Berleburg.

Fast ein Wallfahrtsort für königstreue Niederländer: Dillenburg

Die den Dreh raus hatten

Zu Lebzeiten des eher wortkargen Adligen aus Dillenburg begannen die Girkhäuser mit einem Handwerk, für das sie bis heute berühmt sind: das Löffelschnitzen und Schüsseldrehen. In der Girkhäuser „Drehkoite", was so viel wie Drehmulde bedeutet, kann man bis heute erleben, zu welcher Perfektion die Bewohner des kleinen Ortes ihre Kunst brachten. Karge Böden, aber Holz, da musste sich doch etwas machen lassen. Die kleinen Wohnräume wurden zu Werkstätten und wo kein Geld da war, um für Drehbänke aufzustocken, buddelte man sich einfach in den Boden, in die Mulde. Bis heute kann man hier sehen, was die Girkhäuser Methode des Schüsseldrehens auszeichnete: Sie war enorm ökonomisch, was den Verbrauch an Material betrifft. So konnte man mit Spezialeisen aus einem Rohling, in aller Regel ein Stück von einem Baumstamm, auf einer Drehbank gleichzeitig fünf Holzschüsseln herstellen, die natürlich immer kleiner wurden und hinterher auch platzsparend im Schrank aufbewahrt werden konnten. Klingt einfach, ist aber weitaus schwieriger und war und ist vor allem schweißtreibend, wird doch die Drehkoite bis heute über Fußpedale durch Menschenkraft angetrieben.

Drehkoite Girkhausen
In der Odeborn 4
57319 Bad Berleburg-Girkhausen
Tel.: (0 27 58) 515 (Fam. Treude)
www.drehkoite.de

Tipp von Tamina

Für die Holzerzeugnisse aus Girkhausen sollten Sie unbedingt einen Platz in Ihrem Rucksack freihalten! Es macht einfach Freude, die schlichten Holzschüsseln anzufassen und natürlich auch zu benutzen. Jeden Donnerstag kann man im kleinen Heimatmuseum erleben, wie perfekt die Girkhäuser ihre Kunst beherrschen, und im angeschlossenen Shop natürlich dann auch verkaufen. Solche Kochlöffel und Schüsseln finden Sie in keiner Haushaltswarenabteilung! Bei der Gelegenheit vielleicht noch ein Tipp: Wer auf den Fernwanderwegen des Sauerlandes wandert, kann sein Gepäck von Gasthof zu Gasthof transportieren lassen, niemand muss sich also mit schweren Holzkunstwerken den Rest der Wanderung abschleppen!

Wo der Hirsch ruft

Knapp sechs Kilometer vom Hauptweg entfernt lohnt ein Ziel, das an einem der direkten Zuwege zum Rothaarsteig liegt: das Waldland Hohenroth. In der ehemaligen Försterei ist heute ein Waldinformationszentrum untergebracht. Wechselausstellungen zu Forstwirtschaft, Wald und Naturschutz bieten den Besuchern schnell und übersichtlich tiefe Einblicke in das Ökosystem links und rechts des Rothaarsteigs. Außerdem können müde Wanderer hier preiswert übernachten. Im angrenzenden Wildgehege lassen sich Rehe

Tipp von Tamina

Nach meinem Besuch in Hohenroth sind mir zwei Personen bzw. Persönlichkeiten in Erinnerung geblieben. Als Erstes war da die zahme Hirschkuh namens Manuela, die einem buchstäblich aus der Hand fraß. Wann und wo immer sie den Kübel mit dem Futter erspähte oder erschnüffelte, kam sie angetrottet. So zahm habe ich noch kein Wild erlebt. Leider ist sie mittlerweile im Rotwildhimmel. Quicklebendig dagegen ist die zweite Persönlichkeit: Tasso Wolzenburg, Forstarbeiter und leidenschaftlicher Motorsägenkünstler! Mit etwas Glück können Sie ihn auf Hohenroth antreffen. Er ist übrigens der Hirsch-Sprache mächtig. Mit einer Art Tröte kann er mit den kapitalen Hirschen um die Wette röhren, herrlich!

Idyllische Waldlage: das Forsthaus Hohenroth

Eine sympathische Hexe

Sie gehört am Rothaarsteig sicherlich zu den meistbesuchten Personen, Gabriele Pauly in ihrer Kräuterey in Lützel, unweit der Ginsburg. Bei ihr ist buchstäblich gegen und für alles ein Kraut gewachsen. Regelmäßig führt sie auf „Weltreisen in die Wunderwelt der Kräuter" ihre Besucher in die großen und kleinen Geheimnisse von Duft-, Geschmacks- und Heilkräutern ein und natürlich plaudert die Kräuterhexe dabei auch aus ihrem Nähkästchen ... wenn Hexen denn so etwas überhaupt besitzen!

Kräuterey Lützel
Gabriele Pauly
Im Stillen Winkel
57271 Hilchenbach-Lützel
Tel.: (0 27 33) 38 46
www.kraeutery.de

und Hirsche gut beobachten und Hohenroth ist außerdem der Ausgangspunkt für zahlreiche geführte Touren und Exkursionen. Wer des Wanderns müde ist, kann auch Kutschfahrten von Hohenroth aus unternehmen. Unweit des Anwesens und fast direkt am Rothaarsteig befindet sich der Kyrillpfad. Hier hat man nach dem verheerenden Sturm Kyrill 2007 entschieden, eine arg in Mitleidenschaft gezogene Waldfläche komplett sich selbst zu überlassen. Von Stegen und Aussichtsplattformen aus kann man wunderbar sehen, wie die Natur sich ihr Terrain zurückerobert.

In der Kräuterey ist gegen Alles ein Kraut gewachsen

Sauerland-Fernwanderwege: Der Rothaarsteig

Kunst am Weg

Stahl und Beton mitten im Wald? Nicht wenige hielten die Errichtung von großen Kunstskulpturen mitten im Wald für groben Unfug. Doch der Waldskulpturenweg zwischen Bad Berleburg auf Wittgensteiner und Schmallenberg auf Sauerländer Seite ist längst untrennbar mit dem Erfolg des Rothaarsteigs verbunden. Insgesamt 11 Skulpturen säumen den Weg und kein Wanderer muss sich Sorgen machen, sie vielleicht zu übersehen. „Stein-Zeit-Mensch", die vielleicht imposanteste Skulptur, kann auf eine besondere Geschichte zurückblicken. Das Kunstwerk aus schweren Steinblöcken, die auf Holzstämmen lagern, war ursprünglich als Symbol der Vergänglichkeit angelegt. Der Künstler wollte, dass die Holzstämme einst morsch unter dem Gewicht des Steins zusammenbrechen. Dies drohte tatsächlich und da entschloss man sich, diese ursprüngliche Absicht (auch aus Sicherheitsgründen) aufzugeben und das Kunstwerk in seiner ursprünglichen Anmutung beizubehalten. Der Waldskulpturenweg ist längst einer der Höhepunkte des Rothaarsteigs!

Kunst, die beeindruckt: die Skulptur „Stein, Zeit, Mensch"

Tipp von Tamina

Ganz in der Nähe der Skulptur müssen Sie eine wirklich besondere Etappe des Rothaarsteigs besuchen: die Hängebrücke von Kühhude. Auf der wackeligen Brücke über den Wald zu spazieren ist ein unvergessliches Erlebnis und besonders bei Kindern ein echter „Knaller", wie mein Sohn sagen würde.

Cape Canaveral vom Rothaarsteig

Vom Rhein-Weser-Turm, einem der beliebtesten Hotel-Restaurants am Rothaarsteig, sind es ein paar Kilometer hinab ins Tal bis zum Örtchen Heinsberg. In Heinsberg kann man mitten im Wald ein altes Aquädukt besichtigen, dessen Sinn sich erst erschließt, wenn man weiß, dass in unmittelbarer Nähe der heute im dichten Wald nur noch schwer auszumachende Eingang zum Heinsberger Tunnel ist. Der Tunnel durch den Rothaarkamm war einst Bestandteil der Ruhr-Sieg-Bahntrasse, die allerdings schon seit dem Zweiten Weltkrieg nicht mehr hierher führt. Um den knapp 1,3 Kilometer langen Tunnel, der heute Fledermäusen vorbehalten ist, rankt sich hartnäckig die Geschichte, dass hier mitten im Rothaargebirge die Wiege der amerikanischen Raumfahrt steht. Tatsache ist, dass im Tunnel während des Krieges Munition und möglicherweise auch V-2-Raketen montiert wurden. Ebensolche Bauteile sind hier bei Heinsberg von den vorrückenden Amerikanern beschlagnahmt worden und umgehend nach Hause transportiert worden. Cape Canaveral und der Rothaarsteig liegen also dichter beieinander, als man glaubt!

Mitten im Wald: das Heinsberger Aquädukt

Ein magischer Ort: die steil in den Himmel ragenden Bruchhauser Steine

Finale in Fels

Vorbei am Kahlen Asten führt der Rothaarsteig durch das Schmallenberger und Fredeburger Land bis zu seinem nördlichen Ende mitten in Brilon. Auf seiner letzten Teilstrecke mögen die touristischen Anziehungspunkte beiderseits der Strecke vielleicht etwas ausdünnen, dafür hält der Weg an seinem Ende aber noch einen ganz besonderen Höhepunkt bereit: die Bruchhauser Steine. Die Porphyrformation mit ihren vier Hauptfelsen Bornstein, Feldstein, Goldstein und Ravenstein ragt bis zu 92 Metern in den Sauerländer Himmel. Die Bruchhauser Steine auf dem Istenberg wurden als „Nationales Geotop" ausgezeichnet, außerdem sind sie als Natur- und Vogelschutzgebiet ausgewiesen. Als einziger der vier Felsen ist der Feldstein über einen teilweise mit Treppenstufen unterstützten steilen Aufgang begehbar.

Stiftung Bruchhauser Steine
Freiherr von Fürstenberg-Graugreben
59939 Olsberg-Bruchhausen
Tel.: (02962) 97670
www.stiftung-bruchhauser-steine.de

Tipp von Tamina

Ich hatte das Vergnügen, mit dem Buchautor und „Profi-Wanderer" Thorsten Hoyer als letzte Etappe unserer Sendung auf dem Rothaarsteig eine Wanderung zu den Bruchhauser Steinen machen zu können. Das Besondere an dieser Wanderung war, dass sie nachts stattfand. Man kann es kaum beschreiben, aber der Wald riecht nachts anders und er hört sich nachts anders an. Natürlich liegt das auch an unserer Sensorik: Wenn das Auge nichts sieht, schärft das die übrigen Sinne. Grundsätzlich kann man auf dem Rothaarsteig auch nachts wandern, hierzu sollte man aber den Rat und die Empfehlungen der örtlichen Tourismusbüros einholen. An den Bruchhauser Steinen bedurfte es zum Beispiel einer ausdrücklichen Genehmigung, weil man sich hier auf Privatgelände bewegt. Diese organisatorischen Mühen lohnen aber und wenn man wichtige Vorsichtsmaßnahmen wie das Mitführen von Taschenlampen und eines Handys beherzigt, ist eine Nachtwanderung etwas ganz Besonderes. Im Morgengrauen dann auf dem Gipfel des Feldsteins zu stehen und im ersten Sonnenlicht die Landschaft zu genießen war für mich wirklich ein Erlebnis für alle Sinne auf dem Weg der Sinne und wirklich der krönende Abschluss der Reise auf dem Rothaarsteig!

Sauerland-Fernwanderwege:
Der Sauerland-Höhenflug

Seine „Wegwerdung" war nicht ganz frei von Hindernissen, und das kann man wörtlich verstehen. Der Orkan „Kyrill" warf 2007 im Sauerland so viele Bäume um, dass sich die Einweihung des Weges um mehr als ein Jahr verzögerte. Im Mai 2008 war dann aber Start für den Sauerland-Höhenflug am Schombergturm bei Wildewiese. „Höhe erlebbar machen", das ist das Motto des Weges, der über die Höhenzüge und Bergrücken des Sauerlandes führt. Schon ein Jahr nach seiner Eröffnung wurde der 251 Kilometer lange Sauerland-Höhenflug von der Fachzeitschrift „Wandermagazin" in der Kategorie Fernwanderwege zum zweitschönsten Wanderweg Deutschlands gekürt. Die Besonderheit des Sauerland-Höhenfluges besteht aber nicht nur darin, dass er hauptsächlich „Höhepunkte" miteinander verbindet, sondern in seiner Verästelung nach Westen. Nahe des bereits erwähnten Dorfes Wildewiese führt der nordwestliche Teil über Neuenrade bis zur Burg Altena, während der südwestliche Arm über Finnentrop und Herscheid bis nach Meinerzhagen führt, wo er in Sichtweite der Skisprungschanze endet bzw. beginnt. Von Wildewiese aus führt der Höhenflug nach Osten über Eslohe, Schmallenberg, Winterberg, Hallenberg und Medebach bis ins hessische Korbach. Gekennzeichnet ist der Weg durch ein „H" auf gelbem Grund, bei dem der Querstrich leicht nach oben geschwungen aus dem Buchstaben herausragt. Die Zahl der Gipfel, die der Höhenflug miteinander verbindet, wurde bislang noch nicht ermittelt, mehr als sieben sind es aber wohl in jedem Fall.

Sauerland-Höhenflug
Johannes Hummel Weg 1
57392 Schmallenberg-Bad Fredeburg
Tel.: (02974) 969886
www.sauerland-hoehenflug.de
Service-Hotline:
Tel.: (02974) 202199

Einmal fremdgehen ist erlaubt

Natürlich werden die Fachleute hier sofort intervenieren, denn wer wie wir dem Sauerland-Höhenflug in Ost-West-Richtung folgt, durchquert auf den ersten Kilometern dabei ja nicht nordrhein-westfälisches, sondern hessisches Gebiet. Da jedoch die erste Etappe vom Georg-Viktor-Turm auf dem Eisenberg bis zur Usselner Heide durchaus empfehlenswert ist, sei uns dieses einmalige „Fremdgehen" an dieser Stelle hoffentlich gestattet. Die Usselner Heide ist vielleicht noch ein Geheimtipp, wenn auch nicht unter eingefleischten Höhenfliegern. Ende August/Anfang September bietet die violett blühende Hochheide an der Grenze zwischen Nordrhein-Westfalen und Hessen jedenfalls ein Naturschauspiel von besonderem Reiz.

Im August ganz in lila: die Usselner Heide

Willkommen unter Wasser!

Und willkommen in Nordrhein-Westfalen! Die Steinbrüche entlang des 6 Kilometer langen Geologischen Rundwegs bei Düdinghausen legen eindrucksvoll Zeugnis darüber ab, welche enormen tektonischen Kräfte das einst unter der Wasserlinie liegende Düdinghausen in Jahrmillionen an die Oberfläche drückten. Man muss gar nicht lang suchen und auch das paläontologisch nicht so geschulte Auge findet auf herumliegenden Steinen fossile Spuren der Ureinwohner der Region. Düdinghausen sollte man am Donnerstag besuchen, wenn die historische „Dreggestobe" ihre Pforten öffnet. Ehemalige Profi-Drechsler demonstrieren auf einer Drechselbank, womit in Düdinghausen neben der Landwirtschaft jahrzehntelang Geld verdient wurde. Trotz großen handwerklichen Geschicks schloss 2005 der letzte gewerbliche Drechselbetrieb, aber ähnlich wie im wittgensteinischen Girkhausen in der Nähe des Rothaarsteigs wird die Erinnerung an das traditionelle Handwerk also wachgehalten.

Heimat- und Verkehrsverein Düdinghausen
Am Südhang 4
59964 Medebach-Düdinghausen
Tel.: (05632) 5173
www.duedinghausen-hsk.de

Tipp von Stefan

Höhe erleben, wo könnte man das besser als an einer der installierten Attraktionen am Sauerland-Höhenflug! Der wohl größte Stuhl des Sauerlands steht in der Nähe des kleinen Dorfes Liesen. Der Stuhl ist etwa 8 Meter hoch und von einem örtlichen Holzunternehmen gestiftet worden. Das Wichtigste aber, was man über den Stuhl wissen muss: Ich habe ihn im Rahmen unserer Dreharbeiten ohne Sauerstoffgerät bezwungen!

Vor Millionen von Jahren aus dem Meer aufgetaucht: Düdinghausen

Mit Christoph Bayer über die Wipfel des Sauerlands fliegen

Vom Wandern und Fliegen

So lautete der Titel der Wunderschön-Ausgabe zum Sauerland-Höhenflug. In Winterberg besteht die Möglichkeit, den Rucksack mit dem Fallschirm zu tauschen, wobei das nicht ganz stimmt, denn der Rucksack des Ultraleichtfliegers von Christoph Bayer ist direkt am Fluggerät angebracht. Im Falle des Falles schwebt das ganze Fluggerät sachte auf den Boden zurück. Dies ist auch deshalb erwähnenswert, weil das kleine Flugzeug auf den ersten Blick vielleicht nicht ganz so vertrauenserweckend ist. Sein Pilot aber ist es allemal und wer einmal über den Kahlen Asten mit dem Ultraleichtflugzeug geflogen ist, der wird den nächsten Charterflug als öde Busfahrt wahrnehmen.

Ultraleichtflieger Christoph Bayer
Tel.: (0170) 16 76175
www.fly-for-fun.com

> **Tipp von Stefan**
>
> *Kann ich wirklich nur empfehlen! Das liegt aber auch am Humor des Piloten, den muss man erlebt haben!*

Gefühlter Urwald

Es ist zweifellos eine der Perlen am Sauerland-Höhenflug, das Renautal bei Altastenberg. Ein bisschen Urwald, eine Prise Amazonas, all das hat das Tal. Der schönste und spektakulärste Teil des Renautales ist mit einer Holzrampe überbaut, man spaziert weniger als einen Meter über dem Bachlauf zwischen Farnen und Sumpfpflanzenarten. Eine Beschilderung klärt den Wanderer über besondere Pflanzen und Pflanzengemeinschaften auf. Überall am Weg sind Schilder mit Buchstaben und Zahlenkombinationen zu finden, die bei einem Notruf die rasche Ortung des Wanderers auch mitten im Wald ermöglichen. Auch im Renautal kann man Führungen mit den bereits erwähnten Rangern unternehmen.

Regionalforstamt Oberes Sauerland
Poststraße 7 • 57392 Schmallenberg
Tel.: (02972) 970255
www.wald-und-holz.nrw.de

Ein Geheimtipp auf dem Höhenflug: das Renautal

Die größte Tierschau am Höhenflug

Seit dem 11. Jahrhundert gibt es ihn, den Reister Markt, der damit als wohl ältestes Tierschaufest des gesamten Sauerlandes gelten darf. Kaufleute auf dem Weg in die sauerländischen Hansestädte Brilon, Soest und Attendorn rasteten hier an einem Bachlauf, um ihr Vieh zu tränken, heißt es in historischen Quellen.

Seither findet sich jedes Jahr um den Bartholomäustag am 24. August in dem Dorf bei Eslohe alles ein, was sich auf Körperbau, Milchleistung, Fundament und Euter etwas einbilden darf. Vieh wird in Reiste schon lange nicht mehr gehandelt, es geht ums Sehen und Gesehenwerden, und, ganz wichtig, ums Beurteiltwerden und Preise abstauben. Ein Volksfest mit Kirmes, zu dem alljährlich rund 20000 Menschen in das Dorf bei Eslohe strömen.

Reister Markt
jährlich um den 24. August
www.reister-markt.lk-web.de

Tipp von Stefan

Mich hat das Renautal wirklich begeistert! Nicht nur, dass einem der Steg ein bequemes Wandern ermöglicht, man sieht auch einfach etwas mehr! Was mir aber am nachhaltigsten in Erinnerung blieb, das ist der leicht modrige Geruch im Tal. Sehr gesund für die Atemwege soll es hier sein und ich habe da nicht einmal gehustet!

Volldampf voraus

Seit den 70er-Jahren hat man in Eslohe alles an Maschinen zusammengetragen, was mit Wasserdampf betrieben wurde. Maschinen aus ganz Europa fanden den Weg ins Sauerland, Maschinen zum Schleifen oder Sägen, zum Walzen oder Planieren und die weltweit vielleicht größte Sammlung von Miniatur-Dampfmaschinen, alle noch funktionstüchtig. Neben seiner Dampfmaschinensammlung bietet das Museum Dampf, Land, Leute aber auch sehr anschauliche Blicke in die landwirtschaftliche Historie der Gegend und die Lebensumstände seiner Bewohner. Höhepunkte im Museumsjahr sind die regelmäßig stattfindenden Dampftage, wenn eine Vielzahl von Maschinen in Betrieb ist.

Dampf, Land, Leute
Homertstraße 27
59889 Eslohe
Tel.: (0 29 73) 24 55 oder 80 02 20
www.museum-eslohe.de

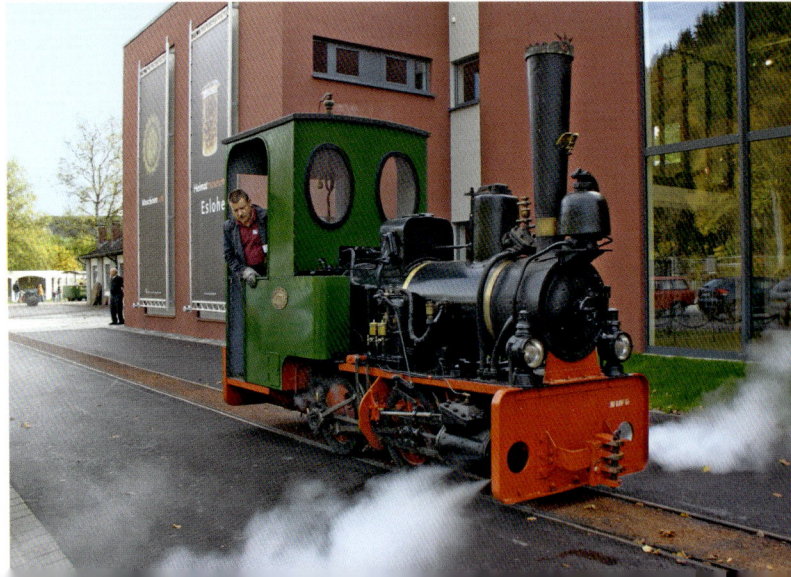

Über die Täler weit: Blick vom Schombergturm

Die Sauerland-Pyramiden bieten regelmäßig interessante Ausstellungen

Höhenflug in luftiger Höhe

Im Sunderner Ortsteil Wildewiese überragt er buchstäblich alles. Der bereits eingangs erwähnte Schombergturm ragt 60 Meter in die Höhe. 2005 wurde der Fernmeldemast errichtet und dabei auch als Aussichtsturm angelegt. In etwa 30 Metern Höhe hat der Besucher auf einer Plattform einen Blick, der bei guter Sicht bis weit ins Münsterland und zu den Gipfeln des Siebengebirges reicht.

Tipp von Stefan

Den Schombergturm habe ich mit meiner Reisebegleiterin auf dem Höhenflug, der Krimi-Autorin und Kabarettistin Kathrin Heinrichs, bestiegen. Auf der Plattform habe ich dann Bekanntschaft gemacht mit dem Alter Ego von Kathrin, ihrer Bühnenfigur Helga Hammer-Gescheidt. Ein Abend mit der Erzsauerländerin Helga und Sie wissen mehr über das Sauerland als nach einem Dutzend Besuchen!

Ägypten im Sauerland

Sie sollen ein Ort des Staunens und des Wunderns sein, so der Erfinder der Pyramiden. Für Sauerland-Besucher bzw. Höhenflug-Wanderer bieten die Pyramiden des Galileo-Parks wechselnde Ausstellungen zu Naturwissenschaften und Geschichte. Im Außenbereich bildet ein Teich den Mittelpunkt, in dem kapitale Störe ihre Bahnen ziehen. Mittels eines ferngesteuerten und kamerabestückten Mini-U-Boots kann man die Fische auch unter Wasser beobachten. Besonders beliebt ist das Gehege der drei südamerikanischen Nasenbären, die zum Stammpersonal der Sauerland-Pyramiden gehören.

GALILEO-PARK
Sauerland Pyramiden 4–7
57368 Lennestadt/Meggen
Tel.: (0 27 21) 6 00 77–10
www.galileo-park.de

Sauerland-Fernwanderwege: Der Sauerland-Höhenflug

Ausblicke – ganz hoch und ganz tief

Mit dem 60 Meter über dem See angelegten „Biggeblick" hat die Biggetalsperre seit der Einrichtung des Höhenfluges nicht nur einen Hingucker, sondern auch einen Ausgucker gewonnen. Von der Aussichtsplattform, die fast jeder Besucher, aber kein Sauerländer Skywalk nennt, hat man einen wunderbaren Blick auf die größte Talsperre des Sauerlands. Von der Staumauer aus kann man mit einer kleinen Bimmelbahn den Ausblick von oben mit dem von unten kombinieren. Der „Biggolino" fährt direkt bis zur Attahöhle in Attendorn. Die 1907 entdeckte Tropfsteinhöhle gehört zu den schönsten ihrer Art und ist in Deutschland die meistbesuchte. Stalaktiten oder Stalagmiten, wichtiger ist für die Besucher allemal die Formendeutung der bizarren Tropfsteingebilde. Ritterburgen, Gardinen oder Osterhase, der Fantasie auf dem 1800 Meter langen Rundweg sind keine Grenzen gesetzt. Biggeblick und Attahöhle liegen am südlichen Arm des Sauerland-Höhenfluges.

Attahöhle
Finnentroper Straße 39
57439 Attendorn
Tel.: (0 27 22) 9 37 50
www.atta-hoehle.de

Weit oben: die Aussichtsplattform Biggeblick

Tief unten: die Tropfsteinwelt der Attahöhle

Kettensäge ohne Massaker

Schon lange bevor man ihr Haus am Waldesrand im Sunderner Ortsteil Hagen erreicht, kann man hören, welcher Kunst sich Claudia Grote verschrieben hat. Die Hausfrau und Mutter ist Kettensägen-Künstlerin. Als sie aushilfsweise Tannenbäume verkaufte und passen musste, wenn sie jemand bat, den Stamm zu kürzen, wuchs ein Wunsch: selber mit der Kettensäge umgehen zu können. Mit Bäumefällen gab sich Claudia Grote aber schon bald nicht mehr zufrieden, sie begann Skulpturen zu sägen. Zu welcher Perfektion sie es gebracht hat, kann man miterleben, wenn man sie denn in ihrem Open-Air-Säge-Atelier antrifft.

Claudia Grote
Zur Waldeshöhe 7 • 59846 Sundern-Hagen
Tel.: (0 23 93) 17 05 06 • www.claudia-grote.de

Tipp von Stefan

Für unseren Wunderschön-Rucksack hatte sich Claudia Grote bereit erklärt, ein selbst gesägtes Eichhörnchen beizusteuern. Sie hat dann vor laufender Kamera demonstriert, wie sie das macht. In einer Viertelstunde war das Holzhörnchen fix und fertig! Unglaublich! Wie ich aus gut unterrichteter Quelle weiß, gingen nach unserer Sendung dann „eine Reihe von Bestellungen" bei ihr ein. Wenn Sie dort vorbeikommen und die Meisterin antreffen, fragen Sie nicht nach einem Eichhörnchen! Die Frau besitzt ein Dutzend Kettensägen!

Sauerland-Fernwanderwege: Der Sauerland-Höhenflug

Schlusspunkt auf der Burg

Sie war Residenz, Garnisonssitz, Kaserne, Pflegeheim, ja sogar eine Zeit lang Gefängnis und in ihr wurde 1914 vom Altenaer Lehrer Richard Schirrmann die erste Jugendherberge Deutschlands eingerichtet: Burg Altena.

Neuerdings mit einem Fahrstuhl vom Ortskern bequem zu erreichen ist die Burg heute ein beliebtes Museum. Einer ihrer Anziehungspunkte ist der Sprichwörter-Raum. Hier wird im wahrsten Sinne des Wortes anschaulich gezeigt, welche Bedeutung bis heute gebräuchliche Redewendungen früher hatten. Ein Kerbholz etwa war wie ein Vertragsdokument und wer etwas auf dem Kerbholz hatte, hatte Schulden und ist bis heute schuld an etwas. Ritterrüstungen, Lanzen und Schwerter. Auf Burg Altena hat man eine der umfangreichsten Sammlungen von mittelalterlichen Kriegswaffen und Turnier-Ausrüstungen zusammengetragen. Viele der ausgestellten Waffen sind auf den Betrachter gerichtet. Ganz bewusst, denn Schwerter und Lanzen, Musketen und Pistolen sollen nicht nur faszinieren, sondern auch immer die Bedrohung, die von ihnen ausgeht, versinnbildlichen.

Burg Altena
Fritz-Thomée-Straße
58762 Altena
Tel.: (02352) 9667034
www.burg-altena.de

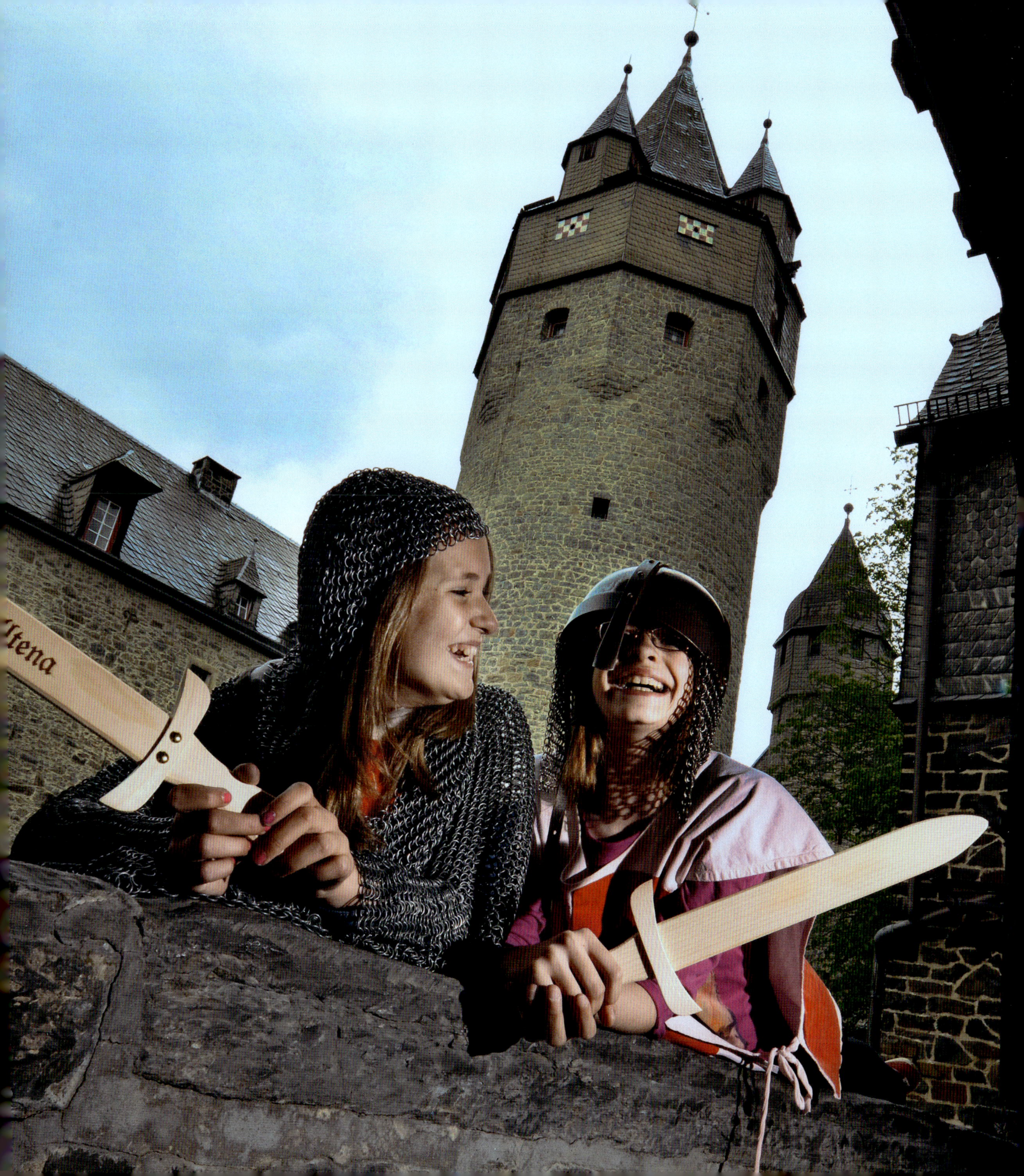

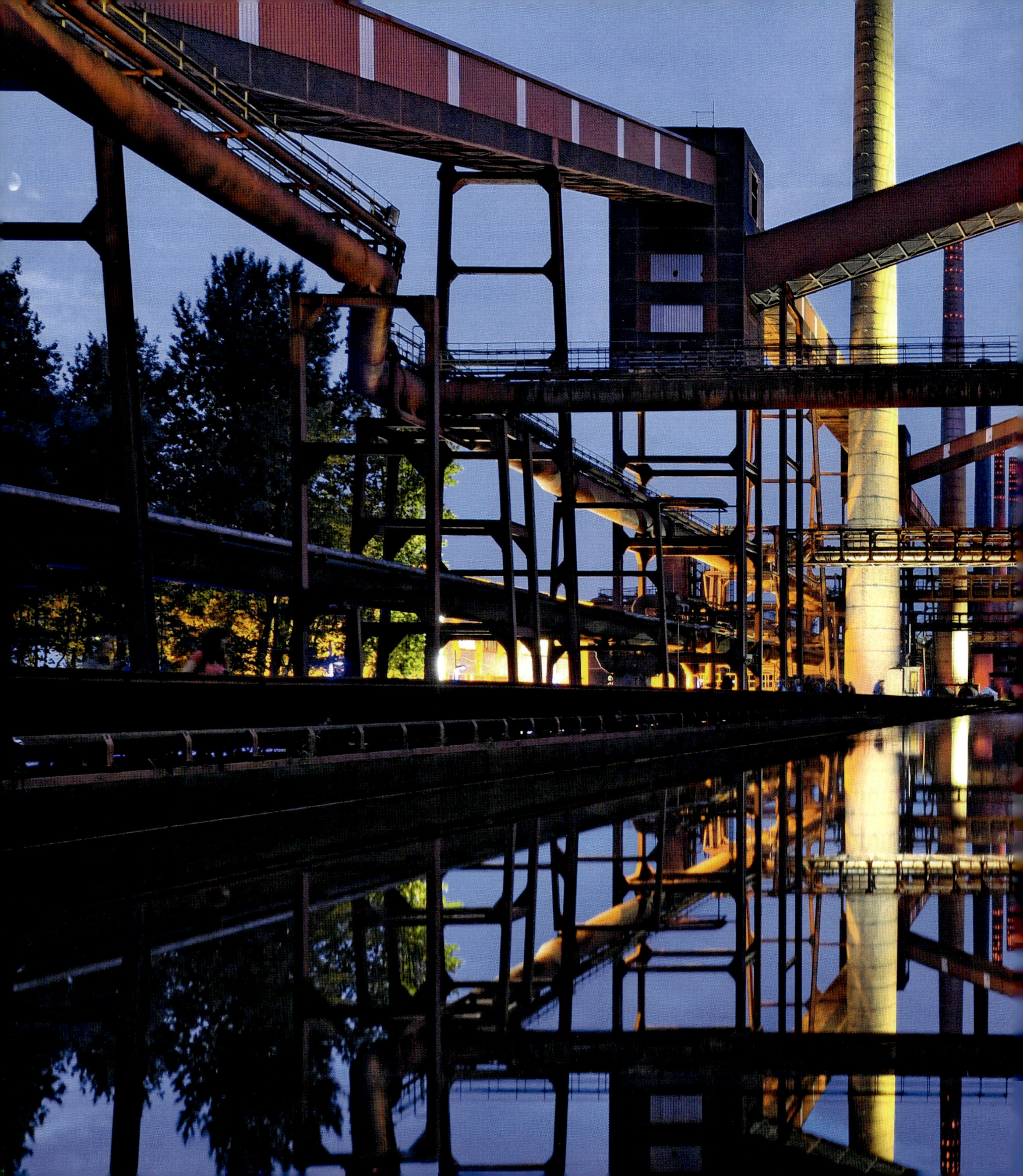

Das Ruhrgebiet

Im Schatten der Schlote
Industriekultur an der Ruhr

Bevor das Ruhrgebiet zum Ruhrgebiet wurde, bevor zwischen Dortmund und Duisburg der größte industrielle Ballungsraum Europas entstand, sah es an den Ufern der Ruhr eher beschaulich aus. Noch im 18. Jahrhundert unterschied sich die Region kaum von der Soester Börde im Osten oder dem Münsterland im Norden. Zwar war schon zu dieser Zeit bekannt, das man hier auf einem Haufen Kohle sitzt, die das Gesicht des Ruhrgebiets in den folgenden zwei Jahrhunderten doch deutlich schwärzen würde, aber von Kohlengruben oder gar Zechen konnte kaum die Rede sein, es wurde nur hier und da nach Kohle gegraben. Dortmund war mit 5000 Einwohnern kaum größer als ein Dorf, Gelsenkirchen zählte nicht einmal 1000 Einwohner, wobei der Anteil an Schalkern dabei schon berücksichtigt ist.

Die Wiege des Kohlenbergbaus und damit der Auslöser für eine rasante Entwicklung zur Industrieregion stand aber weder in Dortmund noch in Duisburg, sondern im Muttental in Witten. 1745 erstmals erwähnt, entwickelte sich die Grube Nachtigall in der ersten Hälfte des 19. Jahrhundertsdurch Zusammenschluss benachbarter Schächte und Gruben zu einer der größten Steinkohlenzechen des Reviers.

Früher Mühsal, heute Museum

Das Besucherbergwerk Zeche Nachtigall

Besucherbergwerk Zeche Nachtigall

Die Anfänge des Ruhrbergbaus werden im Besucherbergwerk Nachtigall bis heute eindrucksvoll lebendig gehalten. In einem der ersten Tiefbauschächte des Ruhrgebiets können sich die Besucher mit Helm und Grubenlampe selber ein Bild über die Arbeitsbedingungen unter Tage machen. Tief unter der Erde mussten die Bergleute zum Teil im Liegen den wertvollen Rohstoff Kohle mit Abbauhammer und Pressluftbohrer brechen.

Wer Kohle hat, kann Feuer machen, wer Feuer hat, kann Erze schmelzen. Wer Erze schmelzen kann, kann Stahl erzeugen und wer Stahl erzeugen kann, kann wiederum Kohle machen, viel Kohle sogar. Für fast 200 Jahre wird Kohle zum Motor der Industrialisierung, aus dem beschaulichen Ruhrgebiet wird „der Pott". Im Jahr 1850 sind im Ruhrgebiet rund 300 Zechen registriert, insgesamt, so haben Fachleute gezählt, haben im Ruhrgebiet in der Ära des Steinkohlebergbaus mehr als 3000 Kohlenzechen existiert.

Westfälisches Museum für Industriekultur
Zeche Nachtigall
Nachtigallstraße 35
58452 Witten
Tel.: (02302) 936640
www.zeche-nachtigall@lwl.org

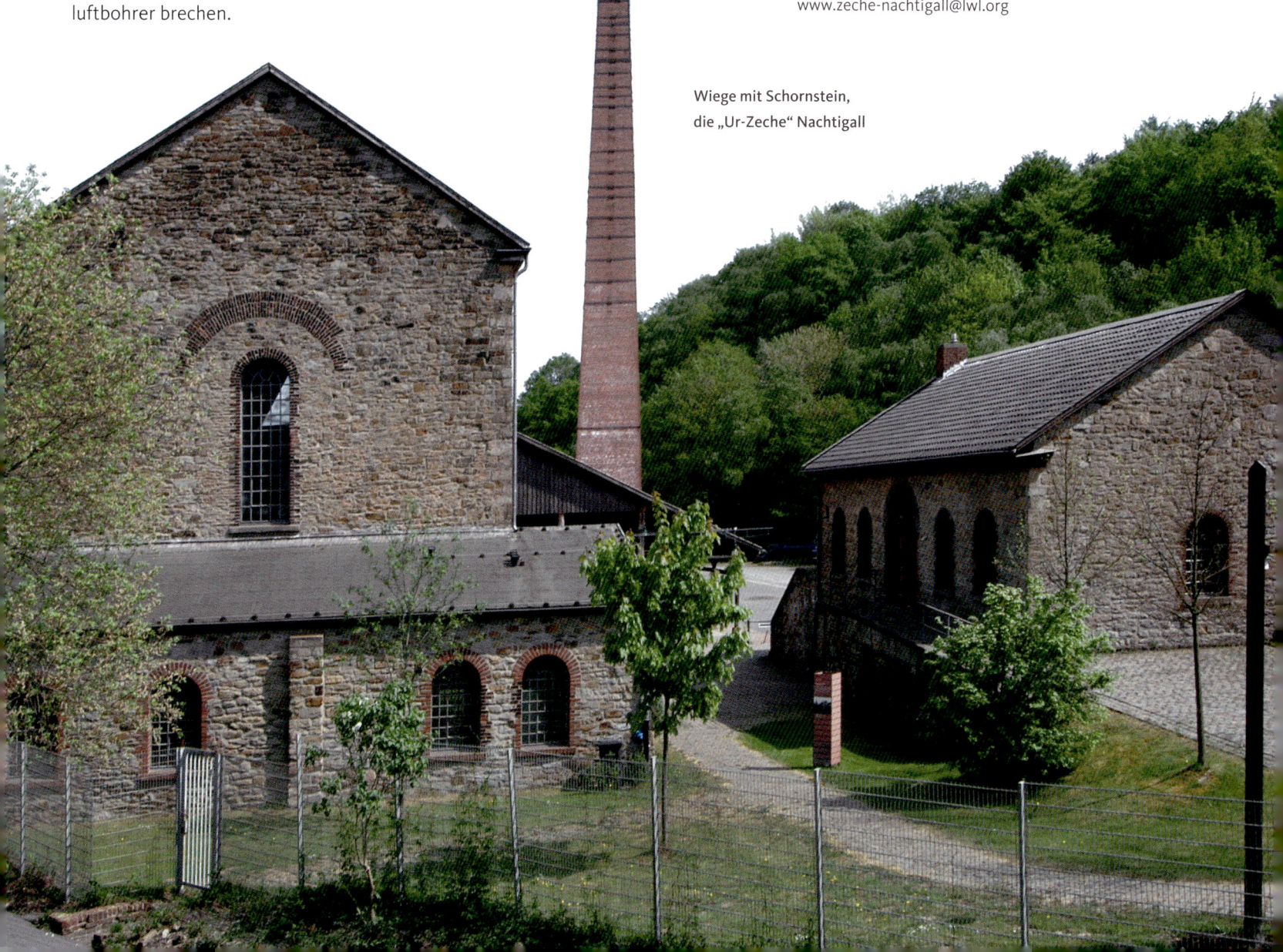

Wiege mit Schornstein, die „Ur-Zeche" Nachtigall

Von der Kohle zum Koks

Um die für die Stahlschmelzen notwendigen Temperaturen zu erreichen, benötigte man Koks. In eigens dafür errichteten Kokereien wurde aus Kohle Koks gemacht, man könnte auch sagen „gebacken". In der seit 1998 unter Denkmalschutz stehenden Kokerei Hansa in Dortmund können Besucher diesen wichtigen Prozess bzw. diese Vorstufe für den Betrieb von Hochöfen nachvollziehen. Die Verantwortlichen sprechen bei der Kokerei Hansa sogar von einer „begehbaren Großskulptur". Die Kokerei, auf der bis 1992 gearbeitet wurde, ist eine Station des Erlebnispfades „Natur und Technik".

Kokerei Hansa
Emscherallee 11
44369 Dortmund
Tel.: (0231) 93 11 22 33
www.industriedenkmal-stiftung.de

Tipp von Stefan

Mich haben bei meinem Besuch Zeche und Kokerei gleichermaßen beeindruckt. Für jemanden wie mich, der in einer Zeit groß geworden ist, wo eine Zeche nach der anderen dicht gemacht wurde, wo Kokereien regelrecht ausstarben, ist es faszinierend zu erleben, wie die Menschen hier früher buchstäblich im Schweiße ihres Angesichts gearbeitet haben. Manchmal ist mir schon ein Schauer über den Rücken gelaufen und ich bin dann – bei allem Stress in meinem Beruf – ganz dankbar, hier nicht als Kumpel „eingefahren" zu sein. Das ändert aber nichts an der Tatsache, dass ein Besuch der Zeche Nachtigall zum Beispiel oder der Kokerei Hansa wirklich zum Pflichtprogramm bei einem Besuch des Ruhrgebiets gehören sollten. Ob flacher Stollen unter Tage oder der Panoramablick vom „Kohlenturm" der Kokerei, wer das Ruhrgebiet und seine Menschen verstehen will, der sollte hier gewesen sein. Ach ja, und noch etwas. Nicht nur Technikbegeisterte kommen in einer Anlage wie dem Industriemuseum Kokerei Hansa auf ihre Kosten, auch Naturfreunde! Es ist faszinierend zu beobachten, wie die Natur sich Stück für Stück das Terrain zurückholt, was man ihr einst abgenommen hat. Zwischen Schloten und Maschinenhallen findet man heute seltene Vertreter aus Flora und Fauna.

Dem Bergbau sein Museum

„Dem Bergbau sein Museum" – als Aufforderung verstanden, wurde dies schon 1930 in Bochum mit dem Deutschen Bergbaumuseum verwirklicht, die Überschrift geht aber auch als typischer Ruhrgebiets-Genitiv durch so wie „dem Oppa seine Tauben inne Laubenkolonie".

Das Deutsche Bergbaumuseum in Bochum, schon von Weitem durch seinen 72 Meter hohen Förderturm erkennbar, spiegelt nicht nur die letzten Jahrzehnte der Steinkohlegewinnung im Ruhrgebiet, das Museum schlägt auch einen Bogen von der Frühgeschichte bis zur Gegenwart und in die Zukunft der Rohstoffgewinnung etwa tief unten auf dem Meeresboden. Es bildet so annähernd 20 000 Jahre menschliches Bestreben wider, dem Boden seine Schätze oft mühevoll und unter Gefahren abzugewinnen.

Für Montan-Laien ist das Museum genauso interessant wie etwa für Kinder. Es werden nicht nur Förder- und Bohrtechniken unter Tage gezeigt und demonstriert, es wird immer wieder auch großes Augenmerk auf die Technik gelegt, die einen Abbau von Kohle in großer Tiefe überhaupt erst möglich macht. Wie legt man Schächte an, wie baut man Grubenräume aus, wie „klimatisiert" man das Bergwerk oder, um es im Fachjargon zu sagen, wie „bewettert" man es? Auch wenn der Besucher in Bochum nur etwa 20 Meter tief unter Tage fahren kann, das Deutsche Bergbaumuseum gibt einen sehr authentischen Einblick in die Arbeit und das Leben der Bergleute. Nicht zu Unrecht darf es sich als das bedeutendste Museum seiner Art weltweit bezeichnen.

Deutsches Bergbaumuseum
Herner Straße 45
44787 Bochum
Tel.: (02 34) 5 87 71 26
www.bergbaumuseum.de

Bergbau anschaulich aufbereitet: das Deutsche Baumuseum

Ausstellungen auf höchstem Niveau

Heute ist der Gasometer einer der Kulturtempel des Ruhrgebiets. Weltweit von sich reden machte er 1999, als Verpackungskünstler Christo hier 13 000 bunte Ölfässer zu seiner Installation „The Wall" auftürmte. Neben regelmäßigen Kulturveranstaltungen aus Kunst und Musik beherbergt der Gasometer wechselnde Ausstellungen zu Themen aus Naturwissenschaft, Technik und Geschichte. So präsentierte der Deutsche Fußballbund hier im Jahr 2000 seine bis dahin 100-jährige Geschichte.

Gasometer Oberhausen
Arenastraße 11
46047 Oberhausen
Tel.: (0208) 8503730
www.gasometer.de

Direkt am Rhein-Herne-Kanal, einer der künstlich angelegten Transportadern des Ruhrgebiets, steht er: der 117 Meter hohe Gasometer in Oberhausen, wenn man so will der einst größte Gastank des Ruhrgebiets. 1929 fertig gestellt, speicherte der Gasometer so genanntes „Gichtgas", ein Abfallprodukt der Hochöfen in der Umgebung. Das Gas wurde hier so lange gelagert, bis es an den Walzstraßen der großen Stahlwerke wieder verfeuert wurde. In Betrieb war das nicht etwa runde, sondern 24-eckige Stahlmonstrum bis 1988. Dem Schicksal eines Abbruchs wie andere Gasometer entging der Oberhausener Gastank nicht zuletzt wegen der Tatsache, dass er sich vom reinen Industriebauwerk längst zu einem Wahrzeichen der Stadt entwickelt hatte.

Tipp von Stefan

Wenn man ihn zum ersten Mal am Horizont auftauchen sieht, flößt einem der hoch in den Himmel ragende Stahlzylinder schon einigen Respekt ein. Davon sollte man sich aber nicht abschrecken lassen, das Ambiente innen ist geradezu grandios und macht aus jeder Ausstellung ein unvergessliches Erlebnis! Wer sich dann noch traut, über die Außentreppe oder den Fahrstuhl im Inneren das Dach des Gasometers zu erklimmen, der wird wie ich mit einem tollen Blick weit über das Ruhrgebiet belohnt. Ganz ehrlich: Wer dort oben steht, wird sich wundern, wie grün das Ruhrgebiet ist!

Wahrzeichen für Oberhausen:
der Gasometer

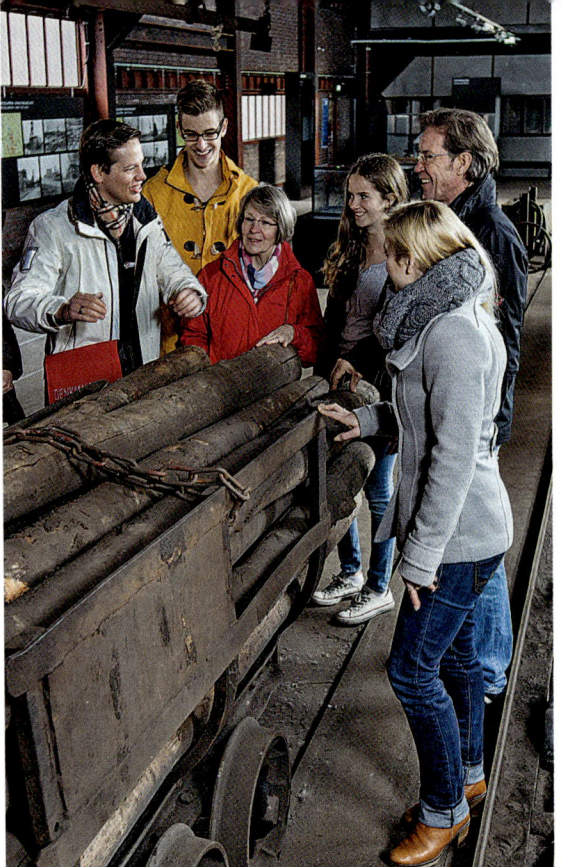

Die schönste ihrer Art

Königin der Zechen, schönste Zeche der Welt – die Zeche Zollverein in Essen ist mit vielen Prädikaten und Superlativen versehen worden. Seit 1851 wurde auf Zollverein Kohle abgebaut, durch unzählige Erweiterungen und Anschlüsse an benachbarte Gruben avancierte Zollverein zum größten Kohlebergwerk der Welt. 1932 förderten die Bergleute auf Zollverein 12 000 Tonnen am Tag, das entsprach in etwa der Jahresförderung zu Beginn 1851. In den Spitzenjahren wurden hier jährlich mehr als drei Millionen Tonnen Steinkohle aus dem Berg geholt. Schon bei ihrer Stilllegung zu Weihnachten 1986 standen Teile der Zechenbauten unter Denkmalschutz und 2001 wurden Zeche und Kokerei in die Liste des UNESCO-Kultur- und Naturerbes der Welt aufgenommen. Vielleicht ist Zollverein das imposanteste und auch prägnanteste Beispiel für den Übergang von der Schwerindustrie zur Industriekultur im Ruhrgebiet. Auf jeden Fall ist das weithin sichtbare Doppelbockgerüst über Schacht 12 mittlerweile zu einem Symbol für den Wandel an der Ruhr geworden.

Den Besucher erwartet ein weitläufiges Gelände, das an vielen Stellen den Eindruck erweckt, als wäre die letzte Schicht gerade erst zu Ende gegangen. Klang- und Video-Installationen vermitteln einen Eindruck von den Arbeitsbedingungen der Bergleute, wie in der Kohlenwäsche

Symbol für den Strukturwandel im Ruhrgebiet: Zeche Zollverein

die begehrte Kohle vom übrigen Gestein getrennt wurde, vom Höllenlärm der Transportbänder und vielem mehr.

Heute ist Zollverein einer der zentralen Punkte der Route der Industriekultur und ein Zentrum für bildende Kunst, Kultur und Kreativwirtschaft. In der ehemaligen Kokerei hat die Gegenwartskunst ein Zuhause gefunden, auf dem Dach der Kohlenwäsche wurde ein Veranstaltungspavillon errichtet. Fritz Eckenga, Kabarettist aus Dortmund und für WUNDERSCHÖN! Reiseführer auf Zollverein, ist unzählige Male in der Zeche aufgetreten. Sein Fazit über die Anlage im Essener Stadtteil Stoppenberg klingt vielleicht harsch, ist aber in Wirklichkeit eine typische Liebeserklärung nach Ruhri-Art: „Wenn das hier Essen ist ... möchte ich Kotzen nicht kennen lernen." Was er damit in Wirklichkeit meint, sollte man bei einem Besuch auf Zollverein selber herausfinden.

Zeche Zollverein
Bullmanaue 11
45327 Essen
Tel.: (02 01) 24 68 10
www.zollverein.de

Im Schatten der Schlote – Industriekultur an der Ruhr

Gehen wir ein Schiff heben!

Das mag sich Kaiser Wilhelm II. am 11. August 1899 gedacht haben, als er im kleinen Ort Henrichenburg ein technisches Wunderwerk einweihte: das Schiffshebewerk Henrichenburg. Wo der Kaiser schon einmal da war, eröffnete er den zeitgleich gebauten Dortmund-Ems-Kanal gleich mit. Über den Kanal wollte man den Dortmunder Hafen erreichen, dessen Becken allerdings 14 Meter über dem Niveau des Kanalbetts lag. Das Hebewerk ermöglichte es, Frachtern bis zu einer Länge von fast 70 Metern und einer Breite von acht Metern diesen Höhenunterschied zu überwinden und den Dortmunder Hafen anzulaufen. Dazu fuhren die Schiffe in einen Trog, der dann im Ganzen wie ein Fahrstuhl nach oben und unten fuhr. Mit insgesamt fünf großen Hohlzylindern, deren Auftriebskräfte so groß waren wie das Gewicht des Troges, war es möglich, die Auf- und-ab-Bewegungen des Hebewerks mit einem vergleichsweise kleinen Antriebsmotor zu steuern.

Bis 1969 wurden so in Henrichenburg Schiffe gehoben und gesenkt, übrigens nie versenkt. Mit dem Bau eines größeren Hebewerks direkt nebenan schien das Schicksal des historischen Bauwerks besiegelt. Doch der geplante Abriss konnte vermieden werden und seit 1979 ist das Schiffshebewerk Henrichenburg einer der zentralen Punkte der „Route der Industriekultur". Das Museum am Schiffshebewerk zeigt die Funktion des Bauwerks zwar im Modell, leider aber nicht mehr in Natura. Dennoch können die Besucher, immerhin 1,2 Millionen im Jahr, hier einen tiefen Einblick in die Ingenieurleistung des Bauwerkes selbst, aber auch in die Lebens- und Arbeitsbedingungen der Binnenschiffer gewinnen.

LWL-Industriemuseum
Schiffshebewerk Henrichenburg
Am Hebewerk 2
45731 Waltrop
Tel.: (0 23 63) 97 07-0

Ein bewegendes Bauwerk:
das Schiffshebewerk Henrichenburg

Paradiese im Pott
Die Freizeitregion Ruhrgebiet

Mit mehr als fünf Millionen Menschen ist das Ruhrgebiet der größte und bevölkerungsreichste Ballungsraum Deutschlands. Das Bild, das sich viele vom Ruhrgebiet machen, ist immer noch geprägt von Industrieanlagen, von rauchenden Schloten und lärmenden Fabriken. Doch das Ruhrgebiet, das Egon Erwin Kisch, der Journalist und legendäre „rasende Reporter", beschrieb, ist längst tot. Essen ist kein „Nest der Kanonenkönige mehr" (gemeint waren die Krupps) und in Bochum brennen auch keine 1000 Feuer bzw. Hochöfen mehr. Im Gegenteil, rund 60 Prozent des Ruhrgebiets sind grün, wenn auch manchmal der Natur von Menschenhand etwas nachgeholfen wurde.

Old England in Dortmund

Zugegeben, die berühmteste Grünanlage Dortmunds ist der Rombergpark nicht, aber vielleicht die älteste. Schon im 14. Jahrhundert gab es hier im Dortmunder Stadtteil Hombruch eine Gartenanlage. Anfang des 19. Jahrhunderts wurde das Terrain von der Familie Romberg dann nach dem Vorbild englischer Gärten zu einem Park aus- bzw. umgebaut. Auffällig im Rombergpark sind die künstlich angelegten Sichtachsen; immer wieder bieten sich dem Besucher ungewöhnliche Perspektiven und Ausblicke. Mit dem Erwerb des Parks durch die Stadt Dortmund 1922

Der Rombergpark, Dortmunds älteste Grünanlage

bekam der Rombergpark zusätzlich einen Botanischen Garten und ein tropisches Gewächshaus, die zuvor an anderer Stelle der Stadt gewesen waren und nun „umgesiedelt" wurden. Das Tropenhaus ist einer der Höhepunkte des Rombergparks, hier erwartet den Besucher das feuchtwarme Klima des australischen Regenwalds, Orchideen, tropische Pflanzen und riesige exotische Farne im Überfluss. Übrigens: Aufgrund der räumlichen Nähe lässt sich ein Besuch im Rombergpark sehr gut mit einem Besuch des Dortmunder Zoos kombinieren!

Botanischer Garten Rombergpark
Am Rombergpark 49 B
44225 Dortmund
Tel.: (02 31) 5 02 41 64
www.dortmund.de

Besonders beliebt: frisches Steinofenbrot und die Schmiede

Hämmern und Schmieden zum Vergnügen

„Ein Häuserzoo mit 100 Fachwerkgehegen", so wurde das Westfälische Freilichtmuseum in Hagen vor Jahrzehnten von einem Spötter bezeichnet. Doch das 42 Hektar große Gelände im Hagener Mäckingerbachtal ist längst der größte Publikumsmagnet der Stadt an der Volme. Etwa 60 Werkstätten aus Kleinindustrie und Handwerk haben ihren Weg nach Hagen gefunden. Nicht bäuerliches Leben und Landwirtschaft stehen in Hagen im Vordergrund, sondern die möglichst realitätsnahe Demonstration alter Gewerke. Mit seinem Schwerpunkt Handwerk und Technik ist das Westfälische Freilichtmuseum damit europaweit einzigartig. Die im Museum gezeigten Betriebsstätten wurden an ihren ursprünglichen Standorten akribisch abgebaut und im Freilichtmuseum wieder aufgebaut. In den meisten Werkstätten finden mehrmals am Tag praktische Vorführungen statt, hier werden Sensen geschmiedet und wird nach alter Tradition gedruckt, hier werden auf einer historischen Reeperbahn Seile geflochten, Zigarren gerollt und Öle gepresst, und in der Museumsbäckerei wird das bei den Besuchern besonders beliebte Brot noch im Steinofen gebacken.

LWL-Freilichtmuseum Hagen
Westfälisches Landesmuseum für Handwerk und Technik
Mäckingerbach
58091 Hagen
Tel.: (02331) 78070

Tipp von Stefan

Das Hagener Freilichtmuseum ist wirklich einen Besuch wert, gerade für Familien mit Kindern! Hier kann man sich einen ganzen Tag aufhalten, ohne dass es langweilig wird. Das Museum hat vom 1. April bis zum 31. Oktober geöffnet, mein ganz besonderer Tipp gilt aber einer Veranstaltung, die außerhalb der Saison liegt. Am ersten Adventswochenende wird das Freilichtmuseum nämlich zu einem Weihnachtsmarkt. Ganz ehrlich, ich kenne viele schöne Weihnachtsmärkte, aber der im Freilichtmuseum Hagen hat eine ganz besondere Atmosphäre! Vielleicht liegt das ja an den romantischen „Fachwerkgehegen".
Wenn Sie mit dem Gedanken spielen, mit dem Auto zu diesem Weihnachtsmarkt zu fahren, machen Sie es nicht wie ich, sondern folgen Sie unbedingt den ausgeschilderten Park and Ride Möglichkeiten. Sie stehen sonst möglicherweise sehr lange für einen Parkplatz an ...

Paradiese im Pott – Die Freizeitregion Ruhrgebiet

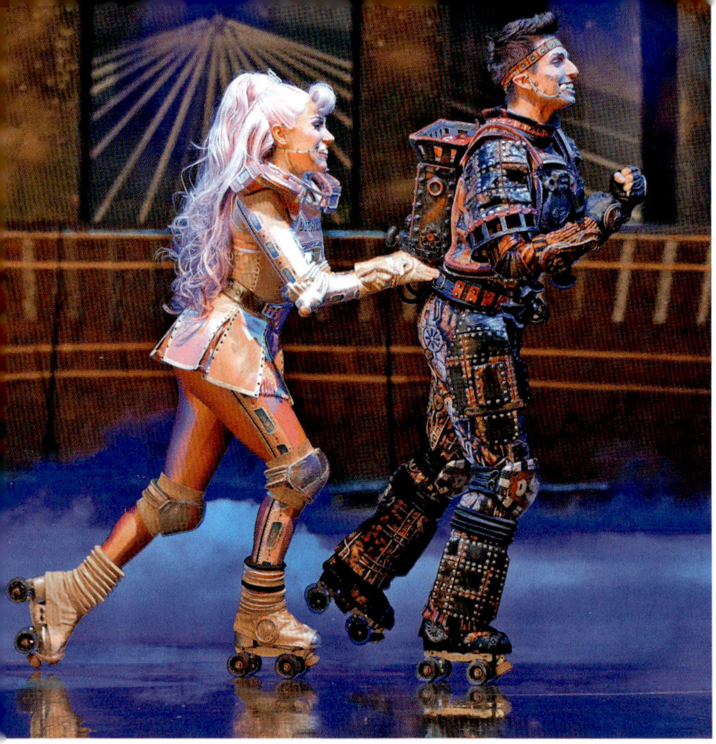
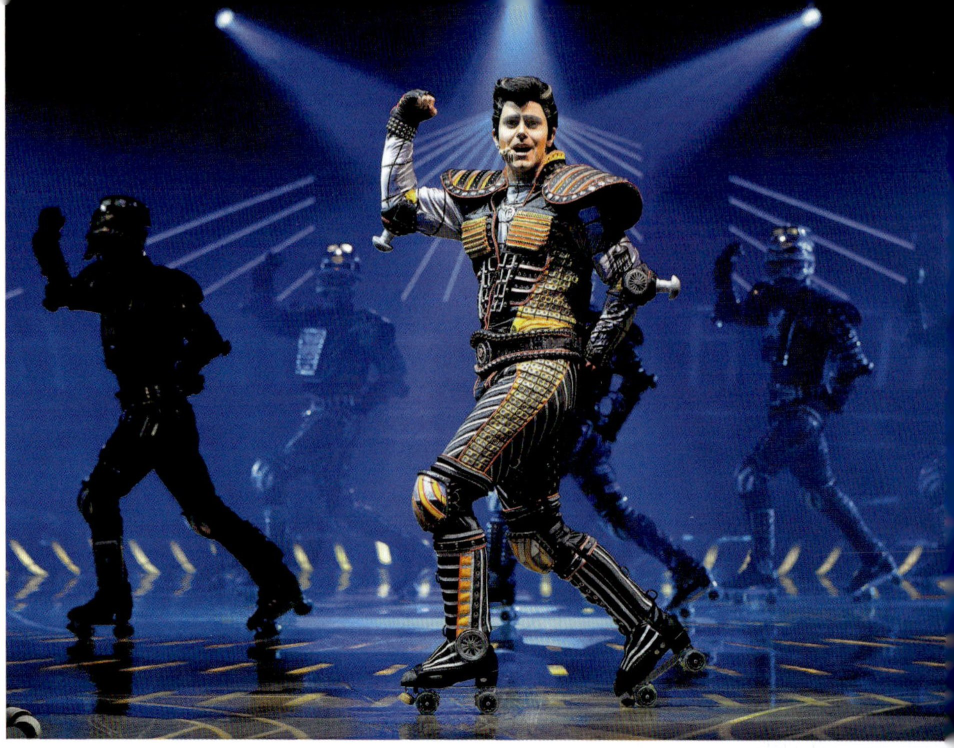
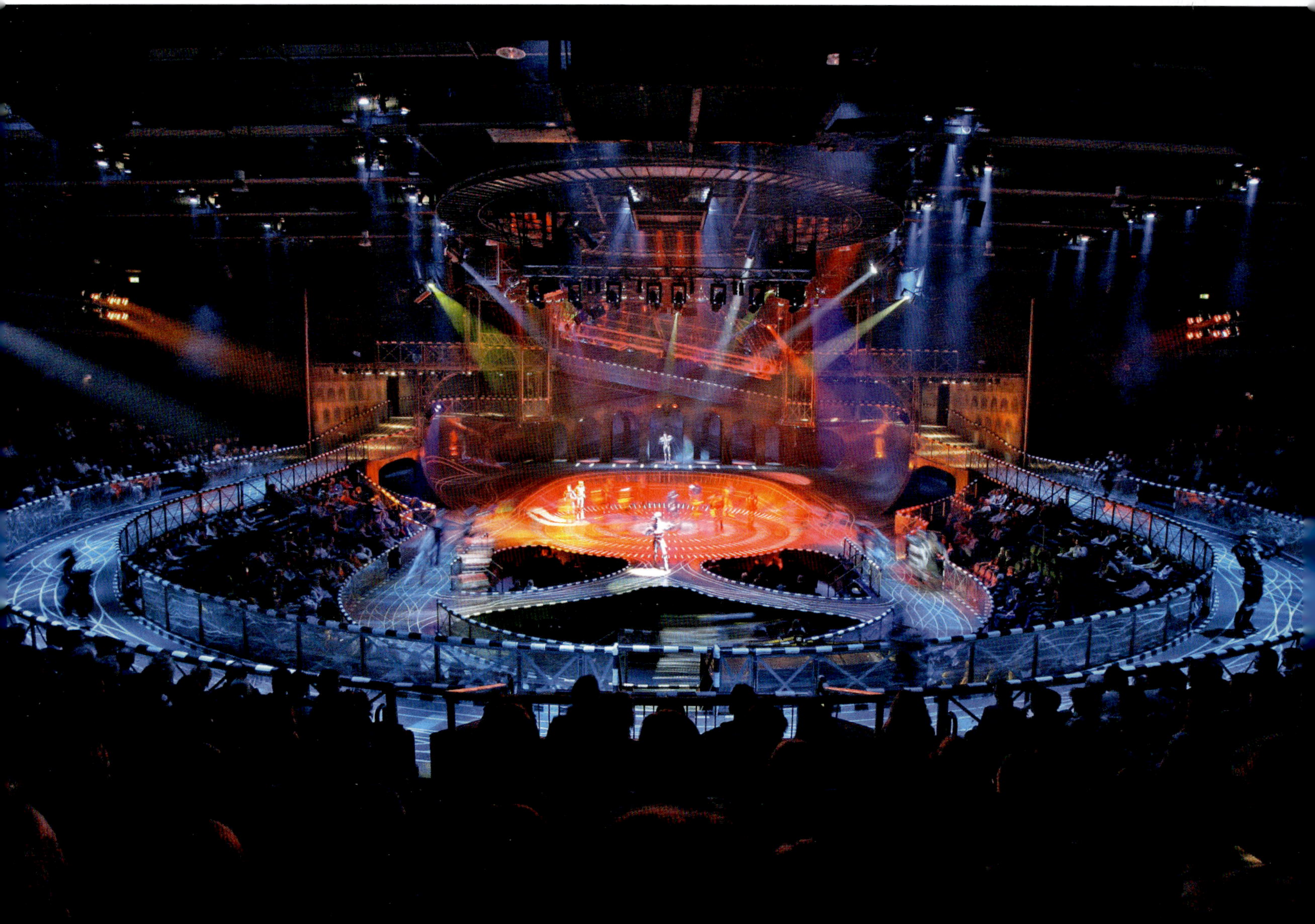

Das hellste Sternenlicht der Welt

Ein Musical, in dem Lokomotiven um die Wette fahren? Ein Spektakel auf Rollschuhen, für das man extra für 24 Millionen Mark ein Haus bauen muss? Es gab nicht wenige, die in Bochum Mitte der 1980er-Jahre dem Projekt „Starlight Express" ein Fiasko voraussagten. Aus dem Fiasko wurde das weltweit erfolgreichste Musicalprojekt an einem Ort. Nirgendwo sonst wird in ein und demselben Theater seit 25 Jahren jeden Tag dasselbe Musical aufgeführt und nirgendwo sonst auf der Welt sind die 1650 Karten fast in jeder Vorstellung ausverkauft. Mehr als 10 000 mal schon rollten die Darsteller über die 280 Meter lange Rollbahn, die kreuz und quer durch den Zuschauerraum führt. Mehr als 15 Millionen Menschen kamen nach Bochum, um den Wettstreit zwischen Rusty, Greaseball und Electra zu erleben.

Starlight Express
Stadionring 24
44791 Bochum
Tel.: (02 34) 50 60 20

Volldampf voraus

Wenn das keine perfekte Einstimmung ist! Bevor man abends im Parkett des Starlight Theaters Platz nimmt, empfiehlt sich ein Abstecher nach Bochum-Dahlhausen ins Eisenbahnmuseum. Dort kann man Rustys Verwandte auf Rädern und Schienen erleben. Das Eisenbahnmuseum ist ein Museum zum Anfassen und Mitmachen. Auf dem weitläufigen Gelände mit seinen 40 000 Quadratmetern dampfen und rollen mittlerweile mehr als 180 Schienenfahrzeuge aus der Zeit von 1853 bis heute. An jedem dritten Sonntag im Monat heißt es im Ruhrtal: „Vorsicht an der Bahnsteigkante!" Dann rollt nämlich der von einer schmauchenden Dampflok gezogene Museumszug entlang der Ruhr. Als „Teckel" kennen ihn die Bewohner des Ruhrgebiets, im Bahnjargon ist es der Schienenbus. An drei Tagen in der Woche verkehrt der rote Oldie zwischen Hagen und dem Museum in Dahlhausen.

Eisenbahnmuseum Bochum-Dahlhausen
Dr.-C.-Otto-Straße 191
44879 Bochum
Tel.: (02 34) 49 25 16
www.eisenbahnmuseum-bochum.de

Die Ruhr im Schneckentempo

Wir bleiben bei der selbstgemachten Art sich fortzubewegen, wechseln aber von der Schiene aufs Wasser und von den Händen in die Beine. „Escargot", zu deutsch „Schnecke", so heißen die kleinen Hausboote mit vier Schlafplätzen, WC und Kochgelegenheit, mit denen man die Ruhr bei Mülheim befahren kann. Für das Führen der kleinen Boote braucht man kein Kapitänspatent und keinen Führerschein, man sollte lediglich wissen, wie man ein Fahrrad bedient, denn die Schnecken werden durch einen Pedalantrieb fortbewegt. Man sitzt im Cockpit der Boote wie auf einem Fahrrad und radelt auf dem Wasser. Für die kleine Pause zwischendurch darf aber auch der kleine Außenborder angeworfen werden.

Grüne Flotte
Hafenstraße 15
45478 Mülheim an der Ruhr
Tel.: (0208) 74049875
www.gruene-flotte.de

Tipp von Stefan

Ein Wochenende auf einer Escargot ist absolut familientauglich. Abgesehen davon, dass man schnell entschleunigt (das geht tatsächlich), können sich große und kleine Seeleute am Fortkommen des Bootes beteiligen. Eine naturnahe und sicherlich auch etwas außergewöhnliche Kreuzfahrt. Auf dem Traumschiff kann's schließlich jeder!

Der Stunt der Dinge

Bestes Kontrastprogramm zu Idylle und Entschleunigung ist ein Besuch im „Tropengürtel" des Ruhrgebiets. Dazu gehören Castrop, Waltrop und natürlich auch Bottrop. In Bottrop-Kirchhellen findet man nicht Hase und Igel, sondern bestenfalls Bugs Bunny und den Pink Panter. Aus 60 Metern Höhe fallen lassen wird hier mit „High Fall" übersetzt und die Magenschüttler heißen „Sponge Bob", Splash Bash", „Side Kick", „Stormy Cruise" oder „NYC Transformer". Macht alles crazy und shaky, ist ja auch der „Movie-Park" und nicht der Kino-Garten. Voll funky sind die Stunt-Shows mehrmals am Tag, bei denen sich brennende Ladies und Gentlemen von Saloondächern stürzen, Car-Crashing performen und vieles mehr. Wer lieber chillt, der Movie Park bietet weitläufige Picknickbereiche und erhielt sogar vom Kinderschutzbund und dem TÜV Nord das Prädikat „für Kinder geeignet", sorry ... „ok für Kids" natürlich. Der Movie-Park, ein Stück Hollywood an der Ruhr und ein echter Burner!

Movie Park Germany
Warner Allee 1 • 46244 Bottrop
Tel.: (0 20 45) 89 98 99
www.movieparkgermany.de

Gelsenkirchen ist mehr als Schalke

Dortmund, Bochum, Herne, Oberhausen, Essen oder Duisburg, kaum eine der Ruhrmetropolen hat nicht ihren eigenen Zoologischen Garten oder zumindest einen Tierpark. In unserer WUNDERSCHÖN!-Sendung über die Freizeit im Revier hatten wir die Qual der Wahl. Dass sie dann auf Gelsenkirchen fiel, ist kein Zufall, denn die „Zoom Erlebniswelt" fällt in vielerlei Hinsicht aus dem Rahmen „normaler" Zoos. Als man vor einigen Jahren begann, den Zoo aus seinem Dornröschenschlaf zu holen, tat man dies von Grund auf und radikal. Die Grenzen zwischen Gehege und Besucherbereich sind stellenweise fließend. Die Themenbereiche Alaska oder Asien sind tatsächlich Erlebniswelten, die den Besucher in andere Welten entführen. In Alaska entdeckt man die windschiefen Blockhütten der Goldsucher am Yukon und die Savanne ist so echt, dass man wirklich meint, man sei in Afrika. Dabei scheinen einem die Tiere in Gelsenkirchen näher als in anderen Tierparks. Natürlich sind alle Zoos im Revier einen Besuch wert, die Zoom-Erlebniswelt in Gelsenkirchen aber ganz besonders.

Zoom Erlebniswelt Gelsenkirchen
Bleckstraße 64
45889 Gelsenkirchen
Tel.: (02 09) 9 54 50
www.zoom-erlebniswelt.de

Der Pott von A bis Z

Prunk und Protz mit Flair: die Villa Hügel in Essen

In Nordrhein-Westfalen dürfte das Ruhrgebiet in puncto Freizeitangebot eine Spitzenstellung haben. Von A wie Aalto-Theater in Essen oder Arbeitersiedlung Eisenheim in Oberhausen bis Z wie eben Zoo in Gelsenkirchen, das Freizeitangebot des Reviers ist nahezu unüberschaubar und von beispielloser Vielfältigkeit. So soll am Schluss ein Ausflugsziel stehen, das von seinem Erbauer nun wirklich nicht als solches gedacht war, jedenfalls nicht für das Zerstreuung suchende gemeine Volk. Die Rede ist natürlich von der Villa Hügel. 269 Zimmer und Säle, bescheidene 8000 Quadratmeter Wohnfläche, Erbauer Alfred Krupp wollte mit seinem Domizil klar machen, wo im Revier „der Hammer hängt", pardon, wer an der Ruhr die Nummer Eins ist. Prunk und Pomp, dazu eine Parkanlage, bei der Alfred Krupp sofort ausgewachsene Resultate sehen wollte. Bäume kamen nicht als Setzlinge aus der Baumschule, sondern wurden schlichtweg ausgewachsen ausgegraben und im Park der Villa wieder eingepflanzt. Die Villa war für Generationen von Krupps Festung und repräsentative Residenz gleichermaßen. Hier wurden Entscheidungen getroffen, bei denen Millionen heraussprangen und von denen Millionen betroffen waren. Dass die Villa heute ein Besuchermagnet ist, verdankt sie ihrem ungewöhnlichen Flair. Wie kritisch man auch den Großindustriellen gesonnen sein mag, dem Reiz des Gebäudes kann sich niemand entziehen. 150 Jahre altes Holzparkett knarrt eben anders als Laminat aus dem Baumarkt. Heute führt die Alfried Krupp von Bohlen und Halbach Stiftung die Geschicke des Hauses, aus Egon Erwin Kischs „Nest der Kanonenkönige" wurde eine der lebendigsten und vielseitigsten Kultur- und Begegnungsstätten im Ruhrgebiet. Ein Besuch des Reviers ohne einen Abstecher ins Schloss des einstigen Industrie-Adels? Undenkbar!

Villa Hügel
Hügel 15
45133 Essen
Tel.: (0201) 616290
www.villahuegel.de

Immer mit der Ruhr
Von der Quelle bis zur Mündung

Die Ruhr und das Ruhrgebiet – was hat man dem Fluss und seinem 220 Kilometer langen Ufer nicht schon alles angedichtet und nachgesagt. Selbst mancher Ruhrpöttler oder kurz Ruhri, wie die Eingeborenen des Ruhrgebiets zuweilen bezeichnet werden, mag glauben, dass die Ruhr im Ruhrgebiet entspringt und auch dort mündet. Aber der Fluss und seine Region sind schon in dieser Hinsicht für eine Überraschung gut. Die Ruhr entspringt mitten im Sauerland und sie endet im Rheinland. Ein kleiner Fels mit inszeniertem Wasserlauf kennzeichnet die Ruhrquelle unweit von Winterberg im Rothaargebirge. Schmutziges Industriegewässer? Abwasserrinne mit angeschlossenem Industriegebiet? Von wegen, idyllischer und grüner als am Oberlauf der Ruhr kann es kaum sein, auch wenn der spätere Fluss hier eher noch in den Bächlein-Schuhen steckt.

Olsberg: Rosen, Lieder, nasse Füße

Das 15 000 Einwohner zählende Olsberg ist die erste Stadt, die die erste wenige Kilometer „alte" Ruhr durchfließt. Bekanntestes Touristenziel Olsbergs sind zweifelsohne die steil in den Himmel ragenden Bruchhauser Steine im gleichnamigen Ortsteil; mehr zu ihnen im Kapitel über die Fernwanderwege des Sauerlands. Wir konzentrieren uns an dieser Stelle auf einen Ortsteil Olsbergs, durch den die Ruhr mitten hindurchfließt und der mittlerweile nicht nur für die Einheimischen untrennbar mit Rosen verbunden ist. Begonnen hatte alles 1998, als eine örtliche Gärtnerin einige öffentliche Flächen mit Rosen bepflanzte. Das sah so hübsch aus, dass die Assinghauser regelrecht vom Rosenfieber ergriffen wurden. Wie es sich für das Sauerland gehört, wurde ein Verein gegründet und schon drei Jahre nach der ersten Rosenpflanzung (mindestens genauso typisch) wurde das erste Assinghauser Rosenfest gefeiert, zu dem sich das Dorf seitdem alle zwei Jahre in ein Rosenmeer verwandelt. Seit 2007 schließlich darf sich Assinghausen sogar „Rosendorf" nennen.

Wer seinen Spaziergang am Ruhrufer gerne musikalisch etwas aufpeppen will, kann dies auf der „Straße der Lieder" tun. Die Straße ist ein Wanderweg, in dessen Verlauf Liedertafeln mit Texten angebracht sind. Lieder über die Ruhr? Leider

Ruhrgebiet = Tourgebiet

Mit dem Rad die Höhepunkte des Reviers erleben!

hat sich der Ruhrtalradweg zu einem der beliebtesten Radwanderwege Deutschlands emporgeradelt. Auch wenn gerade auf den ersten Kilometern im Sauerland noch ein paar Steigungen zu erklimmen sind, grundsätzlich ist der Weg auch für radelnde Familien jenseits aller Tour-de-France-Ambitionen geeignet. Der Weg ist von der Ruhrquelle am Ruhrkopf bis zur Mündung in den Rhein in Duisburg sehr gut beschildert, außerdem gibt es sehr gutes Kartenmaterial, das die Etappenplanung erleichtert. Wie es sich für einen am Wasser entlang führenden Radweg gehört, gibt es auf den hochwassergefährdeten Abschnitten ausgeschilderte Ausweichstrecken.

www.ruhrtalradweg.de

nicht, denn es gibt schlicht keine. Gemessen am Rhein ist die Ruhr in dieser Hinsicht noch absolutes Entwicklungsland. Dafür hat man die Ruhr in Olsberg als Gesundbrunnen entdeckt. Im flachen Wasser des Flusses kann man buchstäblich auf den Pfaden von Pfarrer Kneipp wandeln. Fußbäder im kühlen Ruhrwasser, ein „Storchengang" mit hoch angewinkelten Beinen im taufrischen Gras und dazu Aufgüsse an Armen und Beinen regen die Durchblutung an und stärken die Abwehrkräfte.

Tourismusbüro Olsberg
Ruhrstraße 32
59939 Olsberg
Tel.: (02962) 97370

Die Ruhr per Pedales

Seit 2006 gibt es ihn offiziell, den Ruhrtalradweg. Auch wenn noch immer einige der insgesamt 230 Streckenkilometer über Radwege an Hauptverkehrsstraßen führen, der überwiegende Teil der Strecke wird seinem Namen wirklich gerecht. Immerhin

Tipp von Tamina

An dieser Stelle möchte ich eine Lanze brechen. Als Schwarzwälderin habe ich ja intakte Natur und idyllische Landschaft quasi mit der Muttermilch aufgesogen. Ich war und bin aber immer wieder begeistert, was das Ruhrgebiet in puncto Natur alles bietet, und da ist der Ruhrtalradweg ein gutes Beispiel! Ob zwischen Olsberg und Arnsberg, Fröndenberg und Schwerte oder später Hagen und Witten, man durchradelt immer wieder Flusslandschaften, die man hier im Ruhrgebiet so nicht erwartet. Für mich waren die Sendungen an der Ruhr bzw. im Ruhrgebiet immer regelrechte Expeditionen ins Unbekannte und ich habe unzählige tolle Eindrücke an der Ruhr sammeln dürfen! Kein Wunder, dass die Menschen im Ruhrgebiet so heimatverbunden und stolz auf ihren „Pott" sind. Und das gilt nicht nur für Schalke- und BvB-Fans!

Immer mit der Ruhr – Von der Quelle bis zur Mündung 133

Mit dem Kanu auf der Ruhr

Auf den ersten Kilometern der Ruhr im Sauerland wird man mit dem Kanu auf dem Fluss kaum weit kommen. Wenn die Ruhr aber das Mittelgebirge hinter sich lässt und in flachere Regionen übergeht, haben Kanuwanderer mehr Glück. Eine Reihe von Bootsverleihern bieten geführte Touren, einige bringen die Paddler sogar bis an den Fluss und holen sie nach absolvierter Etappe samt Boot auch wieder ab. Sämtliches Gepäck inklusive von Fahrrädern zum Beispiel wird zu den Ein- und Ausschiffungspunkten transportiert, ein Service, der einem das Kanufahren noch schmackhafter macht. Wer mehr Tiefgang sucht, muss sich ein paar Kilometer von der Ruhr entfernen. So ist etwa die Möhnetalsperre, auch „Westfälisches Meer" genannt, eines der beliebtesten Binnenreviere für Segler. Wer sich lieber fahren lässt, kann dies an Bord der Weißen Flotte tun, das Außersichtkommen des Ufers kann dabei auf dem Westfälischen Meer nicht garantiert werden.

www.moehnesee.de

Ausflug in die Frühgeschichte

Bei Hagen machen Lenne und Volme aus dem Flüsschen Ruhr nun doch allmählich einen ansehnlichen Fluss. Spätestens ab hier lässt die Ruhr ahnen, warum sie einst die Lebensader für die Industrie des Ruhrgebiets war. Der Fluss gab der Region nicht nur den Namen, er machte das Ruhrgebiet zu einem der größten industriellen Ballungsräume der Welt. Im Wasserschloss Werdringen lässt sich davon aber noch nichts spüren, auch wenn es quasi auf der Grenze zum eigentlichen Siedlungsraum Ruhrgebiet liegt. Werdringen lag jahrzehntelang im Dornröschenschlaf, bis es von engagierten Bürgern und der Stadt Hagen wachgeküsst wurde. Das idyllisch gelegene kleine Schloss mit dem Wassergraben liegt auf der Hagener Stadtgrenze und beherbergt mittlerweile eine Ausstellung zur Ur- und Frühgeschichte. Neben einem spektakulären Mammutmodell sind es eher die kleinen, unscheinbaren, für die Wissenschaft aber enorm aufschlussreichen kleinen Funde, die man hier sehen kann und die beweisen, dass die Besiedlung der Ruhrufer sehr früh erfolgte.

Museum- für Ur- und Frühgeschichte
Wasserschloss Werdringen
Werdringen 1
58089 Hagen
Tel.: (0 23 31) 3 06 72 66
www.historisches-centrum.de

Tipp von Tamina

Ich hatte das Vergnügen, vom Kabarettisten Ludger Stratmann bei meinem Besuch im Ruhrgebiet begleitet zu werden. Nach einem kleinen Einkaufsbummel „anne Bude" haben wir ein Picknick mit „Bütterkes" und einer Flasche Bier am Ufer des Baldeneysees gemacht. Ich glaube, als wir dort saßen und Ludger, den man im Ruhrgebiet eigentlich nur als „Jupp" kennt, mir von seiner Beziehung zu seiner Heimatstadt Essen und zum Ruhrgebiet erzählte, da habe ich ein bisschen von dem verstehen und erkennen können, was diesen Menschenschlag im Pott so typisch macht. Einfach und klar geradeaus reden, auch wenn die Grammatik manchmal nicht ganz stimmt. Die Menschen hier haben immer ein offenes Herz gehabt und dabei ist es dann wirklich völlig egal, ob es für Schwarz-Gelb oder Blau-Weiß schlägt. Ich mag die Menschen im Pott!

Wassersport und Naherholung

Die Ruhr ist dort angekommen, wo sie auch dem Namen nach hingehört, im Ruhrgebiet zwischen Dortmund im Osten und Duisburg im Westen mit seinem Hafen Ruhrort. Eingangs klang es bereits an, spätestens seit Horst Schimanski fühlt sich Duisburg zwar wie Ruhrgebiet an, verwaltungstechnisch gehört das Revier des beliebtesten wie schmuddeligsten Kommissars Deutschland aber zum Rheinland.

In Witten-Heven verkehrt die einzige Fähre über die Ruhr, ein kleines, elektrisch angetriebenes Boot setzt hier Fußgänger und Radfahrer gegen eine freiwillige Spende über den Fluss. Während der kurzen Überfahrt fällt der Blick auf die Burgruine Hardenstein, auf der einst der unsichtbare Zwergenkönig Goldemar gelebt haben soll. Als ein Küchenjunge ihn mit ausgestreuten Erbsen und Asche sichtbar machen wollte, reagierte der Zwerg drakonisch und haute den armen Jungen in Stücke. Man darf wohl davon ausgehen, dass Goldemar kein „Ruhri" war, als der hätte er gelassener reagiert!

Der Kemnader See bei Hattingen und im Ruhrgebiet in Essen gehören zu den insgesamt sechs Ruhrstauseen. Beide Seen dürfen als wassersportliche Visitenkarten des Ruhrgebiets und der Ruhr betrachtet werden. Schwimmen, Tauchen, Kanu fahren, Paddeln, Wasserskilaufen, Segeln in allen Bootsklassen oder mehrstündige Dampferfahrten, die beiden Ruhrseen sind die Wassersportzentren und Naherholungsmagnete der Region.

Freizeit und Industriegeschichte, am Baldeneysee direkte Nachbarn

Immer mit der Ruhr – Von der Quelle bis zur Mündung

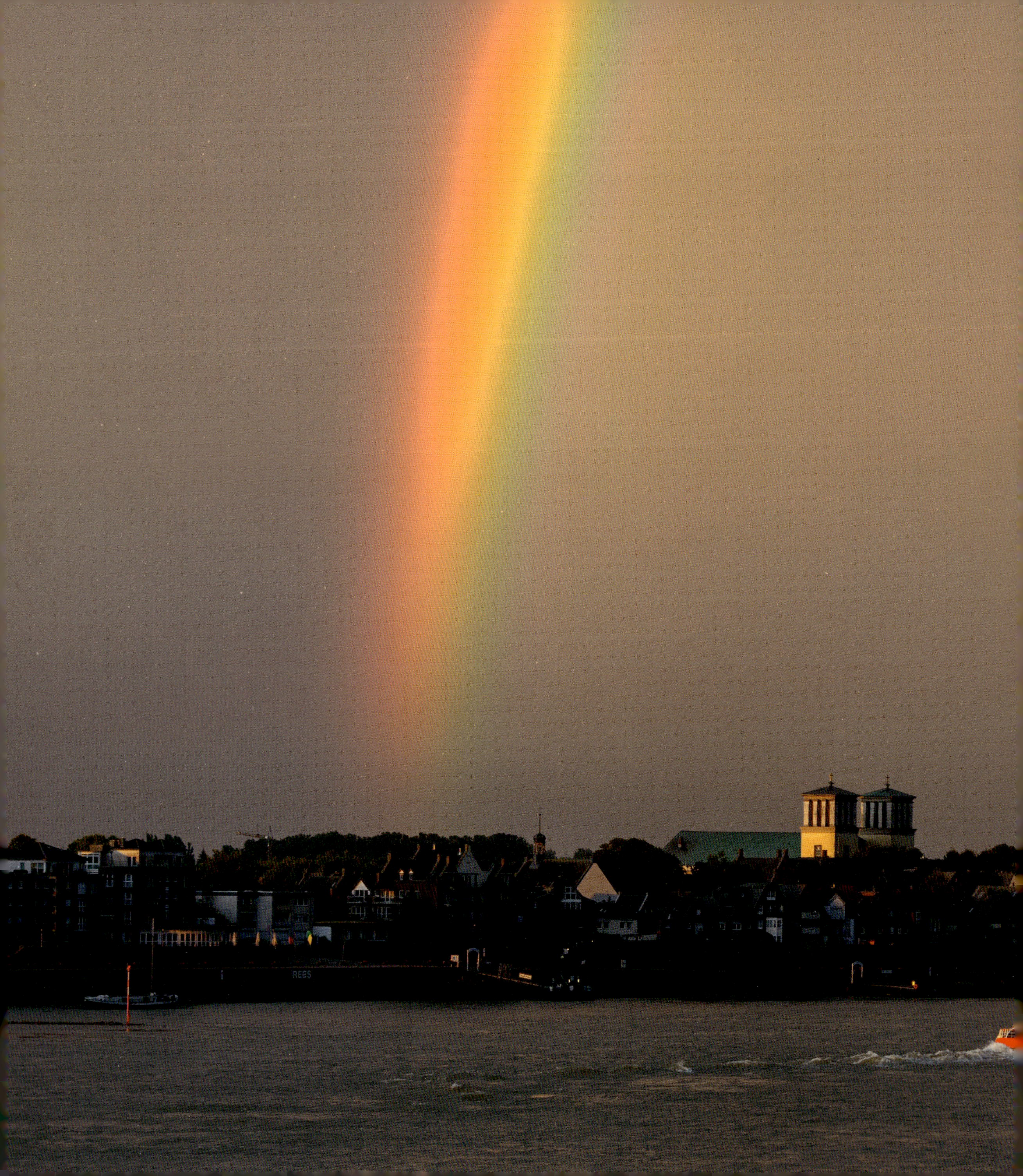
REES

Der Niederrhein

Tief im Westen
... liegt der Selfkant

Nein, da irrte Herbert Grönemeyer in seiner berühmten Hymne über seine Heimatstadt Bochum ausnahmsweise. „Tief im Westen" Nordrhein-Westfalens und damit auch Deutschlands erkundet „Wunderschön"-Moderator Stefan Pinnow nicht etwa die Heimat des einst unabsteigbaren VfL, sondern den Selfkant. Selfkant, der Name leitet sich aus einer alten Gemarkungsbezeichnung ab, der Safelkant, im weitesten Sinn das Ufer des Saeffeler Baches. Der Selfkant, der westlichste Zipfel des Kreises Heinsberg, besteht aus 14 Dörfern und erstreckt sich auf nur 42 Quadratkilometern, die haben es aber in sich. Apropos Zipfel, wegen ihrer „Zipfellage" haben der Selfkant als westlichster, Görlitz als östlichster, List auf Sylt als nördlichster und Oberstdorf als südlichster Punkt Deutschlands einen Bund gegründet. Welcher Name könnte für diesen Zusammenschluss treffender sein als „Zipfelbund"?! Ach, und noch etwas: Der Selfkant gehörte 14 Jahre lang zu den Niederlanden, von 1949 bis 1963, bis er von der damaligen Bundesregierung unter Konrad Adenauer quasi „zurückgekauft" wurde. 280 Millionen Mark hat die Region damals gekostet.

Tipp von Stefan

Bei meinem Besuch in Tüddern, einem der 14 Selfkant-Dörfer, konnte ich erfahren, was der Zipfelbund für seine Besucher konkret bedeutet. Wer eine der vier oben genannten Gemeinden besucht und dort mindestens eine Nacht verbringt, bekommt nämlich den Zipfelpass. In diesem Pass werden Besuche mit genauem Datum vermerkt. Wer es schafft, in einem Jahr alle vier Zipfel Deutschlands zu besuchen und sich diesen Besuch in seinem Pass dokumentieren lässt, bekommt ein Geschenk aus jedem Ort. Ich finde, eine originelle Idee, um den Tourismus in „Randlagen" anzukurbeln. Ich habe den Pass natürlich und bin schon gespannt auf die Geschenke ...

Kultausflug – die Selfkant-Safari

Wer die westlichste Gemeinde Deutschlands besucht, wird fast zwangsläufig über ihn stolpern: Christian Macharski. Der Mann ist so vielseitig wie die Region, aus der er stammt. Macharski schreibt Krimis, tritt als Comedian auf und schlüpft mehrmals im Jahr in seine Paraderolle als Landwirt Wilhelm Hastenrath alias Hastenraths Will. Gott sei Dank ist Hastenraths Will nicht nur ein findiger Landwirt, der die Vermarktung der Kartoffel direkt ab Hof erfunden hat, sondern auch noch Ortsvorsteher des (leider) fiktiven Dorfes Saffeln. Als kommunaler Politpromi lädt er regelmäßig Besucher per Bus zur Safari durch enge Dorfstraßen, wo man den Leuten „so herrlich in die Wohnung schauen kann", erklärt Ampelanlagen als Wunderwerke der Technik und führt seine Gäste schließlich an eine Weide, auf der man bei „guten Bedingungen" „Kuh-Watching" erleben kann.

Buchung über
Rurtal Produktion GbR
Neumühle 3
41812 Erkelenz
Tel.: (0 24 31) 80 54 80

> **Tipp von Stefan**
>
> *Sollten Sie mit einem Besuch des Selfkants liebäugeln, die Selfkant-Safari ist wirklich ein einmaliges Erlebnis. Die Comedy-Busfahrt mit Christian Macharski als Hastenraths Will ist so beliebt, dass sie immer schnell ausgebucht ist. Hier empfiehlt sich also eine langfristige Planung, aber es lohnt sich wirklich! Tourismus gepaart mit herrlich schrägem Humor!*

Die Selfkant-Safari: da bleibt kein Auge trocken

Aus dem Selfkant kommt die Welt

Was wäre die Welt ohne den berühmtesten Sohn des Selfkants?! Gerhard Krämer erfand die Welt neu, indem er sie auf völlig neue Weise kartografierte. „Gerhard Krämer? – Nie gehört!", werden Sie vielleicht sagen, aber wenn Sie „Krämer", sprich „Kaufmann" ins Lateinische übersetzen und auf den Begriff Mercator stoßen, sind Sie dem berühmten Selfkanter Mathematiker, Philosophen und Kartographen schon auf der Spur. Der Name Mercator schien ihm wohl etwas seriöser, als er sich 1530 an der Universität Leuven immatrikulierte. Auf Mercator geht die „Mercator-Projektion" zurück, vereinfach gesagt die Weltkarte, die wie auf eine akkurat geschälte und dann flach gedrückte Orangenschale projiziert ist. Im Örtchen Gangelt, wo Mercator seine Kindheit verbrachte, sind zwar nicht mehr viele seiner Spuren erhalten, aber die Erinnerung wird wach gehalten. Zum Beispiel durch einen Stein auf einem Feld vor den Toren Gangelts, der exakt auf dem Schnittpunkt des 51. Breiten- und 6. Längengrads liegt. Übrigens, den Begriff „Atlas" für eine Sammlung von Karten verdanken wir ebenfalls dem Krämer aus dem Selfkant. Mercator ließ auf das Cover seiner Kartensammlung ein Bildnis des Titans Atlas drucken, der den westlichsten Punkt der damals bekannten Welt auf den Schultern trug. Gangelt ist aber nicht nur wegen Gerhard Mercator einen Besuch wert. Schon in den ersten Erwähnungen Anfang des 9. Jahrhunderts wird der Ort als „Tipp für Touristen" gehandelt, gebe es dort doch treffliche Herbergen und Schänken. Die gibt es bis heute und für den spätmittelalterlichen Ortskern sollte man sich ausreichend Zeit nehmen.

Der Mercator-Gedenkstein bei Gangelt

Tipp von Stefan

Vor dem historischen Rathaus werden Sie auf eine Skulptur stoßen, die eine Gans mit einer Möhre im Schnabel zeigt. Wie es dazu kam, muss ich Ihnen kurz erzählen: Als Gangelt im Mittelalter einmal belagert wurde, verwendeten schlaftrunkene Wachsoldaten statt eines Riegels oder Pins eine Möhre. Nachts kam eine Gans und fraß die Möhre, was den Belagerern buchstäblich Tür und Tor öffnete. Ob dieser „Torheit" muss sich Gangelt bis heute den Necknamen „Muhrepenn" gefallen lassen. Da man im Selfkant aber Humor hat, setzte man der hungrigen Gans ein Denkmal. Übrigens bereits das zweite, denn die erste Gans mit Möhre wurde 2008 gestohlen. Ich glaube, Meister Reineke ist in diesem Fall unschuldig ...

Rathaus Gangelt
Burgstraße 10 • 52538 Gangelt • Tel.: (02454) 588-0 • www.stadtfuehrungen-gangelt.de/

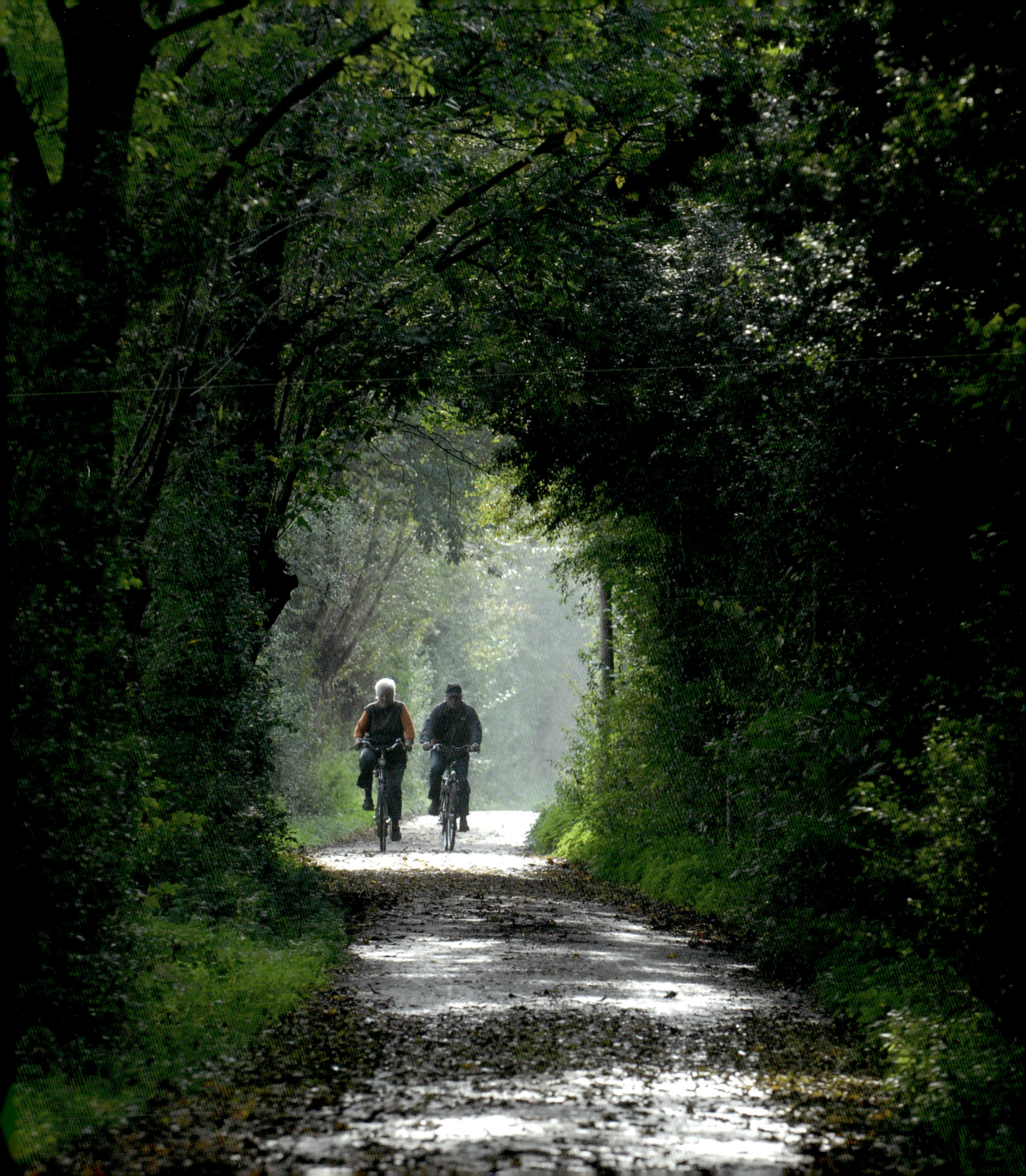

Pedale, Hufe oder Sohlen

Der Selfkant ist wie geschaffen für ausgiebige Radtouren, zum Beispiel auf dem Rur-Radweg, nicht zu verwechseln mit dem Ruhr-Radweg. Da die einzelnen Orte nie mehr als ein paar Kilometer voneinander entfernt sind, kann man die touristischen Anziehungspunkte des westlichsten Zipfels Nordrhein-Westfalens ohne Mühe erreichen. Dies gilt auch für das Rodebachtal, das nur wenige Kilometer südlich von Gangelt liegt. Hier kann man das Fahrrad zur Abwechslung vielleicht einmal stehen lassen, um einen kleinen Spaziergang durch den Heidenaturpark zu machen. Das Rodebachtal liegt auf deutschem und niederländischem Gebiet, Rodebach und Roode Beek also. Die spektakulärsten Bewohner des Tals werden aber weder Deutsch noch Holländisch sprechen, eher vielleicht Englisch mit stark schottischem Akzent. Schottischen Hochlandrindern begegnet man hier auf besondere Weise: Die imposanten Tiere sind nicht etwa eingezäunt, sondern grasen, wo sie gerade wollen. Als Spaziergänger muss man hier aber keine Befürchtungen hegen. Obwohl die urigen Rinder es von ihrem Aussehen nicht vermuten lassen: Sie sind absolut friedlich und halten eher Distanz zu Zweibeinern mit Fotoapparaten und Rucksäcken. Besonders eindrucksvoll sind auch die überall anzutreffenden Kopfweiden, künstlich in ihrem Wachstum manipulierte Weiden, die im Nebel und Morgengrauen aussehen wie verwunschene Gestalten aus den Harry-Potter-Verfilmungen.

Infocenter Gangelt
Am Freibad 13
52538 Gangelt
Tel.: (02454) 936341

Infopunkt Schinveld
Aan de Voeëgelsjtang 1
NL 6451 Schinveld
Tel.: (+3)16 46 38 85 26

Nostalgie auf Schienen – die Selfkantbahn

Tipp von Stefan

Wenn Sie wie ich Kinder haben, ist der Besuch des Selfkants besonders in der Vorweihnachtszeit zu empfehlen. Dann bietet die Selfkantbahn Nikolausfahrten an, bei denen der schenkfreudige Himmelsbote selbstverständlich mit an Bord ist. Vielleicht stecken ja auch bei Ihnen schon bald Fahrkarten im Stiefel!

Wenn eine Bahnlinie schließt, muss das nicht immer eine schlechte Nachricht sein. In Schierwaldenrath jedenfalls war das Ende des regulären Schienenbetriebs ein Segen für den Tourismus. Seit den 1970er-Jahren verkehrt zwischen Schierwaldenrath und Gillrath die Selfkantbahn. Betrieben von einem privaten Verein von Eisenbahn-Enthusiasten, kann man hier Eisenbahnromantik pur genießen. Ob im Plüschsessel der ersten oder auf den harten Holzbänken der dritten Klasse, die sechs Kilometer lange Fahrt durch den Selfkant ist ein Vergnügen der besonderen Art. Dies nicht zuletzt deshalb, weil der Trägerverein sehr viel Wert auf historische Genauigkeit legt. So konnte man im Laufe der letzten 40 Jahre eine Reihe von stilechten kompletten „Zuggarnituren" erwerben, wie der Fachmann das nennt, also Wagen, die wirklich zusammengehören und zusammen gefahren sind.

Die Selfkantbahn
Postfach 100702
52007 Aachen
Tel.: (0241) 8 23 69
www.selfkantbahn.de

Selfkant und drumherum

Wem die Grenzen des vergleichsweise überschaubaren Selfkants zu eng sind, kann die Region für eine ganze Reihe von Ausflügen in die unmittelbare Nachbarschaft nutzen. Holland und Belgien sind jeweils nur einen Katzensprung entfernt. Schnäppchenjäger zieht es nach Roermond. In der holländischen Stadt in der Provinz Limburg gibt es aber mehr als ein günstiges Outlet-Zentrum. Da der Ort mitten in der Seenlandschaft der Maasplassen liegt, finden Hobby-Kapitäne hier nicht nur ein abwechslungsreiches und schönes Revier, sondern auch die entsprechende Infrastruktur mit Marinas und Hafenanlagen für jeden Tiefgang. Auf dem Marktplatz lässt sich zu den Klängen des historischen Glockenspiels mit Figurentheater die berühmte Copje Coffee genießen oder auch die leckeren holländischen Frietjes mit einem ordentlichen Schlag Mayonnaise.

VVV Roermond
Markt 17
NL-6041 EL Roermond
Tel.: (+314 75) 33 58 47
www.vvvmiddenlimburg.nl

Mehr als nur ein Schnäppchen-Nest: Roermond

Grönemeyer lag nicht völlig falsch

Mag Herbert Grönemeyer auch über den tiefsten Westen etwas im Unklaren gewesen sein und ihn fälschlicherweise ins Ruhrgebiet nach Bochum verlegt haben, so war er doch sehr nahe an der Wahrheit, allerdings mit einem „h" zu viel. Tief im Westen liegt eben der Selfkant und der wiederum befindet sich durchaus im Rurgebiet. Außerdem: Wer da singt „da ist es besser, viel besser als man glaubt", der liegt beim westlichsten Zipfel Deutschlands völlig richtig. Der Selfkant – klein, aber fein und auf jeden Fall einen Besuch wert!

144 Der Niederrhein

Weiter Himmel – grünes Land
Der Niederrhein

Sosehr sich im allgemeinen Sprachgebrauch der Begriff Niederrhein eingebürgert hat, so schwirig ist es, mit dem Begriff die Region am „niederen" Teil des Rheins tatsächlich genau zu fassen. So ist „der Niederrhein" weder geschichtlich noch kulturell, weder wirtschaftlich noch politisch als klar umrissene Region zu orten. Eingerahmt von den Niederlanden im Westen und dem Ruhrgebiet im Südosten wissen aber die Menschen, die dort leben, dass sie Niederrheiner sind, denn eine Klammer gibt es vielleicht: die Art zu denken und die Art zu sprechen. Will sagen: ein Niederrheiner erkennt den anderen sofort. Hanns-Dieter Hüsch, 2005 verstorbener Kabarettist und zeit seines Lebens bekennender Niederrheiner, hat den Archetypus seiner Heimat einmal so beschrieben: „Der Niederrheiner hat von nichts eine Ahnung, kann aber alles erklären!"

Der Titel der Sendung leitet sich in erster Linie von der Topografie ab, im Großen und Ganzen ist der Niederrhein flach und von Weiden und Äckern geprägt. Was das Alte Land für den Norden ist, ist der Niederrhein für den Westen: Der Niederrhein ist der Obstgarten Nordrhein-Westfalens. Ein wie erwähnt flaches Stückchen Erde, das seinen Bewohnern laut Hanns-Dieter Hüsch auch den Vorteil beschert, „schon am Freitag sehen zu können, wer am Sonntag zu Besuch kommt."

Ein Dorado für Fahrradfahrer

Tamina Kallert nähert sich dem Niederrhein mit dem Fahrrad, bei den Flachetappen ist die Region besonders bei Fahrradfahrern beliebt. Die örtlichen Touristiker haben darauf reagiert: Mit 2000 Kilometern ist die „Niederrheinroute" das längste Radwegenetz Deutschlands. Dabei ist die Strecke zwischen Kleve und Kranenburg bzw. dem niederländischen Groesbeek hier noch nicht einmal mit drin. Obwohl man hier auch in die Pedale treten muss, um vorwärts zu kommen, bewegt man sich dennoch auf Schienen. Seit 2008 können Besucher des Niederrheins hier auf einer stillgelegten Bahntrasse mit Draisinen fahren. Ob zu zweit oder in der Gruppe, verschieden große Schienenfahrräder stehen zur Verfügung. Apropos Fahrrad, diesen Begriff wird man am Niederrhein eher selten hören. Am Niederrhein hören Drahtesel in erster Linie auf das Wort Fiets oder Fietsen, womit auch hier bewiesen wäre, dass sich Niederrheiner zuerst mal an der Sprache erkennen.

Grenzland-Draisine GmbH
Bahnhofsstraße 15
47559 Kranenburg
Tel: (0 28 26) 9 17 99 00
www.grenzland-draisine.eu

Tipp von Tamina

Ich habe die Draisinenfahrt selber gemacht und kann auch weniger sportlichen Pedaleuren die Tour ans Herz legen. Die Route ist durchweg flach und die Draisinen lassen sich ohne allzu großen Kraftaufwand leicht vorwärtsbewegen.

Die Wildgänse kommen

Keine Angst, der Niederrhein ist absolut friedlich und seine Bewohner sind es auch. Denen sagt man übrigens nach, dass sie traurig werden, wenn sie längere Zeit nicht zuhause sind. Ob Wildgänse traurig sein können? Wir wissen es nicht, aber sie müssen auch gar nicht traurig sein, denn in jedem Herbst kommen sie aus Skandinavien und dem fernen Sibirien, um an den Rheinarmen, in den Auen und auf den Grünlandflächen am Niederrhein zu überwintern.

Rund 200 000 Tiere zählt man jedes Jahr und wer mitzählen möchte, wenn sich der Himmel verdunkelt, ist herzlich eingeladen, dies zu tun. Dabei ist es allerdings ratsam, sich geführten Exkursionen anzuschließen, denn die Tiere sollen so wenig wie möglich gestört werden. Außerdem wissen die Experten am besten, wo man die Wildgänse am besten sehen und erleben kann. Warum die Vögel in solchen Scharen an den Niederrhein kommen? Die Biologen behaupten, weil sie hier genügend Nahrung finden, um dann gestärkt den Rückflug in ihre angestammten Brutgebiete antreten zu können. Wir wissen es natürlich besser: Auch Bless- und Saatgänse wissen ganz genau, wo es sich wunderbar entspannen lässt und der Tisch reichlich gedeckt ist!

Geführte Touren und Exkursionen
www-nabu-naturschutzstation.de

Tipp von Tamina

Wenn im Oktober die Wildgänse zu Hunderttausenden in den Auen des Niederrheins ihr Winterlager aufschlagen, ist das wirklich ein beeindruckendes Schauspiel. Man möchte den Tieren stundenlang zuschauen und schon mancher eher sporadische Naturfreund ist hier zum echten Hobby-Vogelkundler geworden! Auch ich konnte mich dem Reiz dieses Spektakels nicht entziehen! Wie alles hat auch der Besuch der Wildgänse seine Schattenseite. So richten die Tiere durchaus nennenswerte Fraßschäden an. Die betroffenen Landwirte am Niederrhein erhalten alljährlich Entschädigungen dafür, insgesamt immerhin ein paar Millionen Euro!

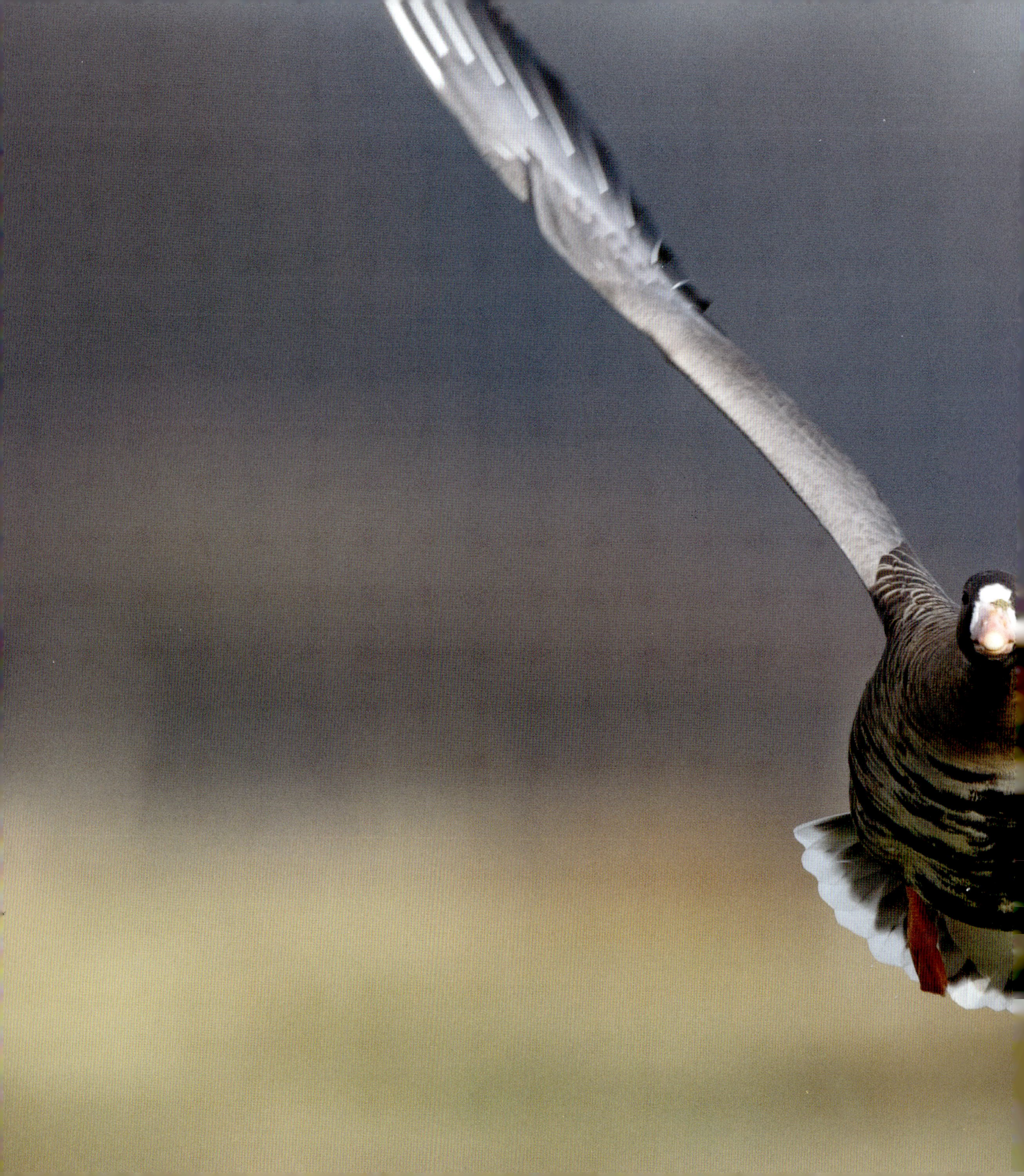

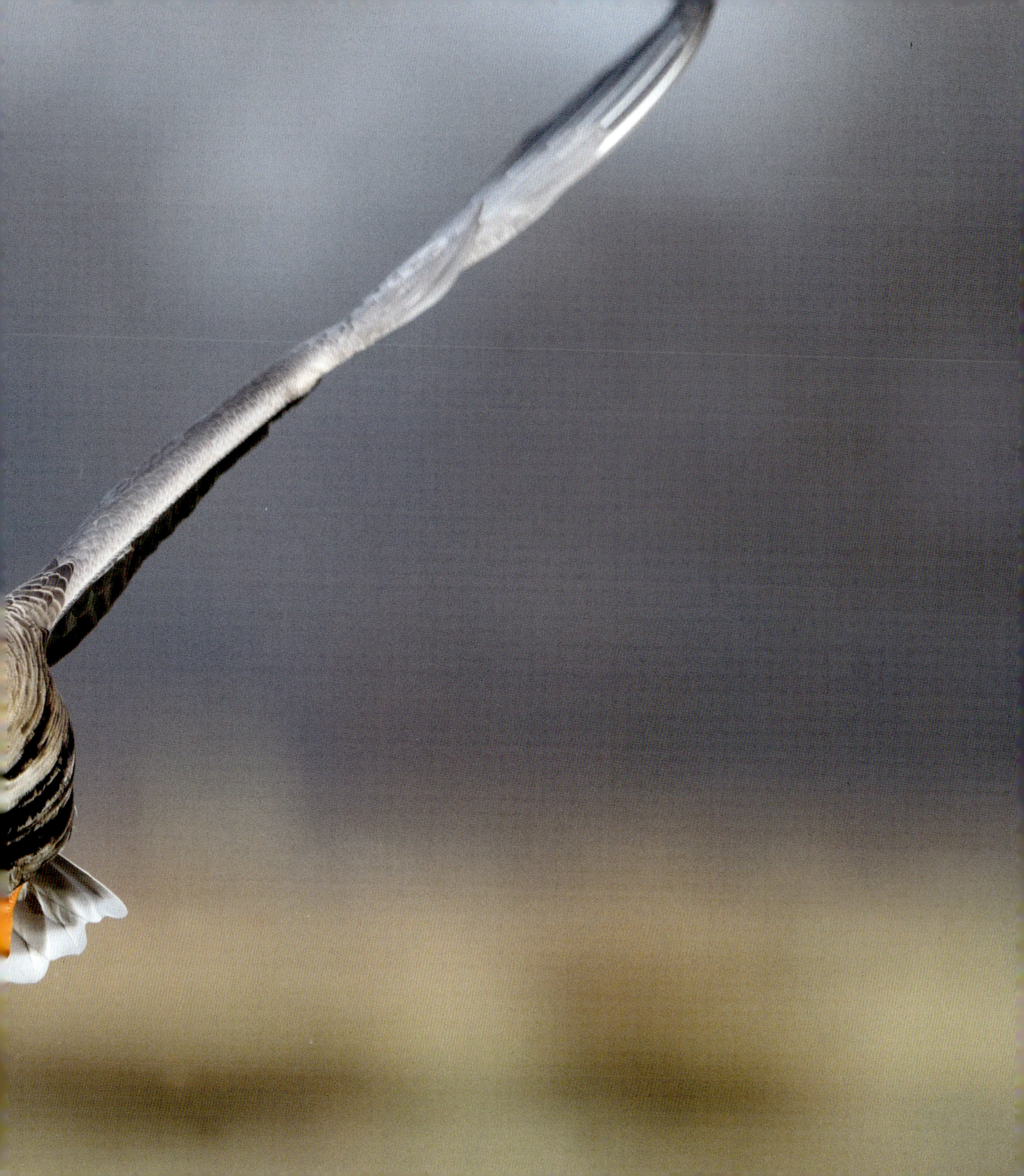

Kralle kontra Kaninchen

Bei ihm sind Greifvögel in besten Händen: Karl-Heinz Peschen

zu erleben. Eulen, Falken, Bussarde, Habichte: die meisten Greifvögel bei Karl-Heinz Peschen, der auch auf den typisch niederrheinischen Namen „Buddy" hört, sind hier zuhause. Die Tiere, die hier ihren Lazarettaufenthalt genießen, werden nach Gesundung oder Aufpäppelung wieder ausgewildert.

Naturschutzbund (NABU)
Kreisgruppe Wesel
Freybergweg 9
46483 Wesel
Tel.: (02 81) 16 47 78 7
www.nabu-wesel.de

Wir bleiben noch einen Moment bei den fliegenden Niederrheinern, diesmal allerdings solchen, die das ganze Jahr über hier anzutreffen sind. Seit mehr als 30 Jahren päppelt Karl-Heinz Peschen in Wesel Greifvögel auf und entdeckte dabei sein Herz für die Falknerei, die in seinem Fall eigentlich Habichterei heißen müsste, denn regelmäßig geht er mit Habicht auf Kaninchenjagd. Für ihn ist diese Form der Jagd die fairste, die es gibt, denn die Beutetiere hätten immer eine Chance zu entkommen. Wer den Habicht mit seinen messerscharfen Krallen sieht, kann dies den Karnickeln in Feld und Flur nur wünschen.

In der Greifvogelstation auf dem Gelände einer ehemaligen Kaserne sind jedes Jahr mehr als 150 Schulklassen und Besuchergruppen zu Gast, um sich die Tiere anzuschauen und einige davon auch hautnah

Niederrhein geht auch anders

Flussauen, Obstwiesen und Kartoffeläcker, der Niederrhein kann auch anders – feudal nämlich und überaus prunkvoll. Schloss Moyland ist eines der besten Beispiele. In den 1990er-Jahren aufwändig restauriert, ist das Schloss heute ein weit über die niederrheinischen Grenzen hinweg bekannter und beliebter Treff für die Kunstszene geworden. Neben wechselnden Ausstellungen finden sich hier viele Werke des Niederrheiners Joseph Beuys, dessen Œuvre weit über Fettflecke und verschmutzte Badewannen hinausgeht. Auf der Wasserburg bei Kalkar tranken schon Friedrich der Große und sein Dichterfreund Voltaire gemeinsam Tee, heute ist das auch den bürgerlichen Besuchern vergönnt.

Wo der Alte Fritz und Voltaire ihren Tee tranken: Schloss Moyland

Friedrich der Große soll sich am Niederrhein sogar die Inspiration für sein Schloss Sanssouci geholt haben, als er nämlich in Kamp das Kloster und seine Terrassengärten besuchte und sich dafür begeisterte. Von Zisterziensermönchen vor fast 900 Jahren wurden sie angelegt, ursprünglich als Weinberge. Obst und Gemüse ja, aber Wein vom Niederrhein? Nun, ob der Alte Fritz wirklich Sanssouci vom Niederrhein importierte, kann nicht mehr geklärt werden, die Gärten als Ursprung der netten Legende sind auf jeden Fall bis heute zu besichtigen.

Museum Schloss Moyland
Am Schloss 4 • 47551 Bedburg-Hau
Tel.: (0 28 24) 95 10 60 • www.moyland.de

Kloster Kamp • Am Abteiplatz 13
47475 Kamp-Lintfort • www.kloster-kamp.de

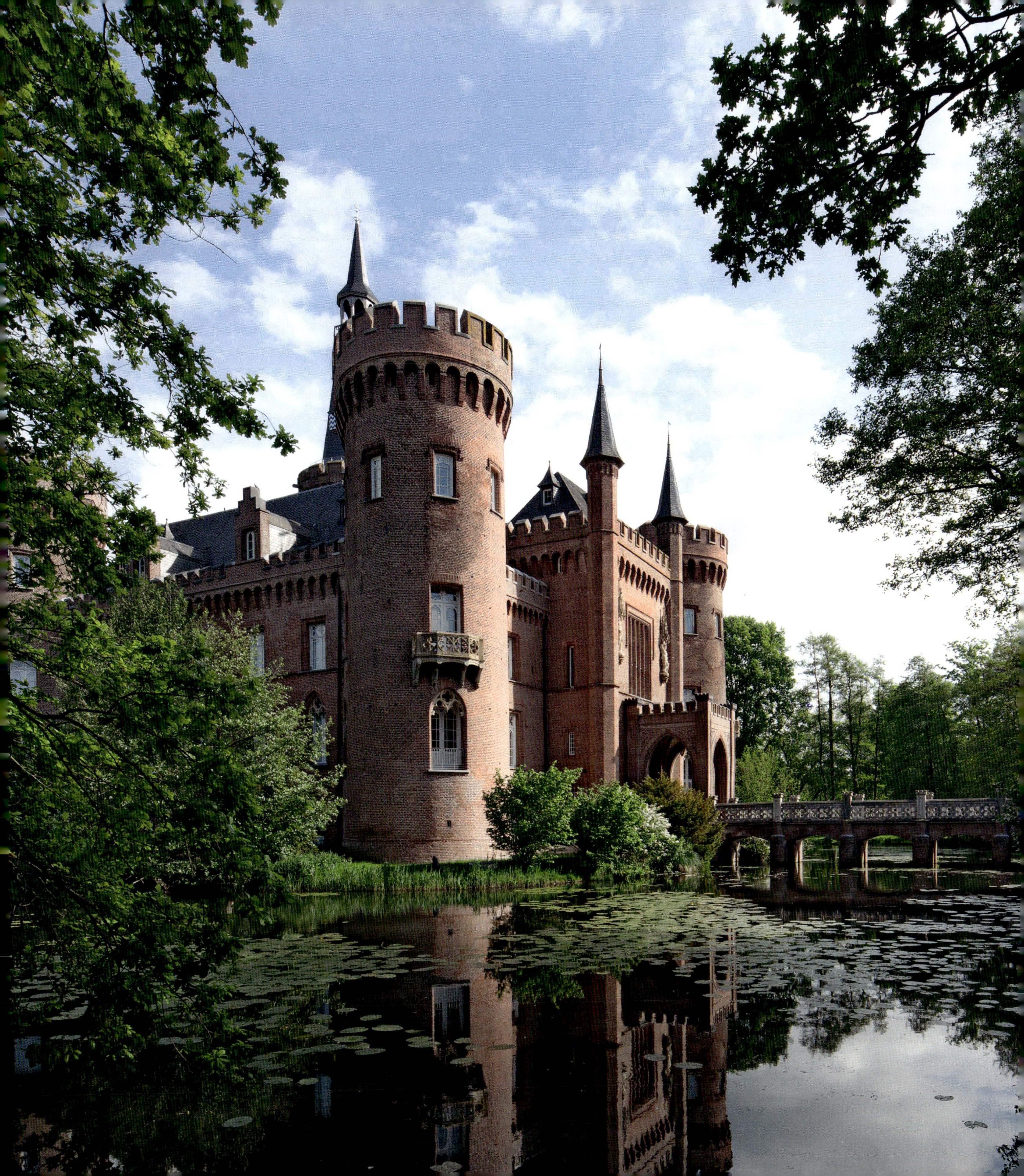

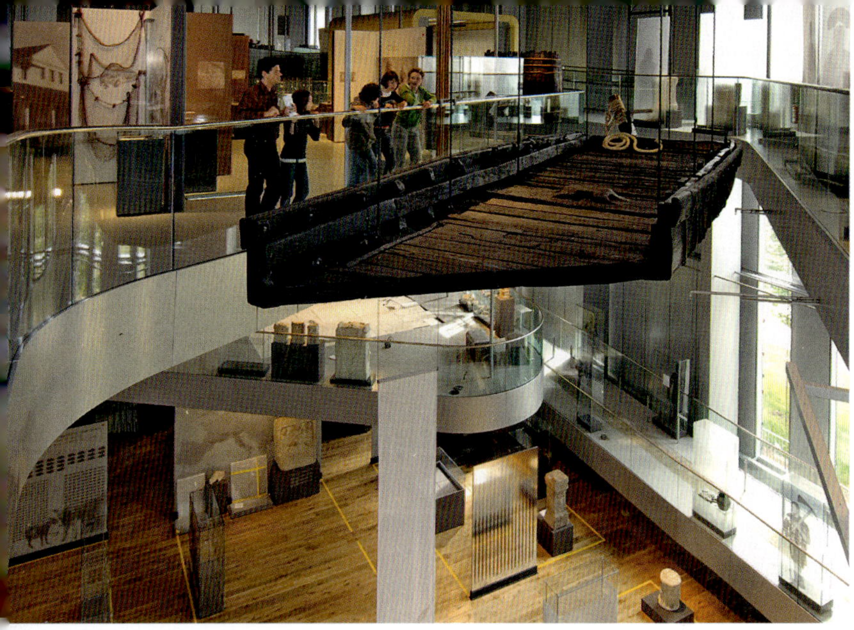
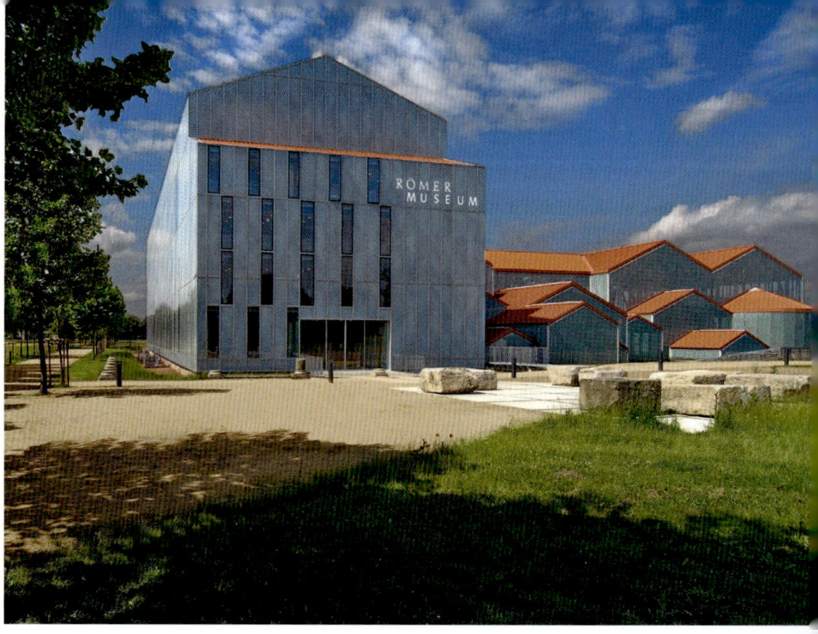
RÖMER
MUSEUM
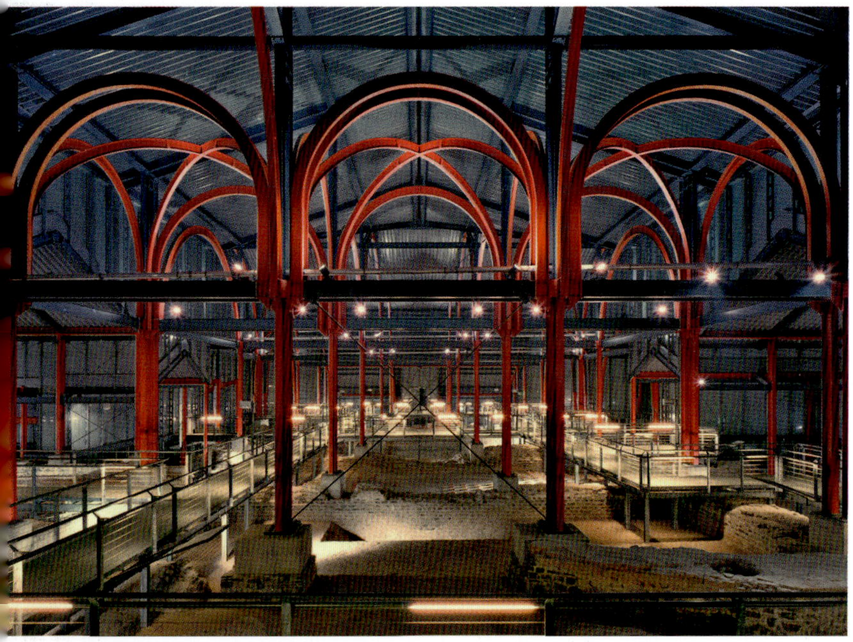
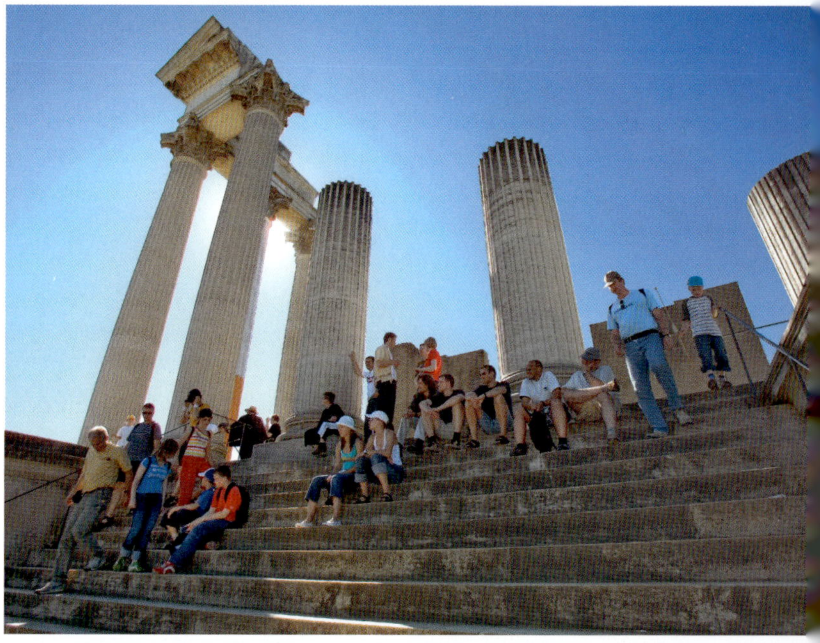
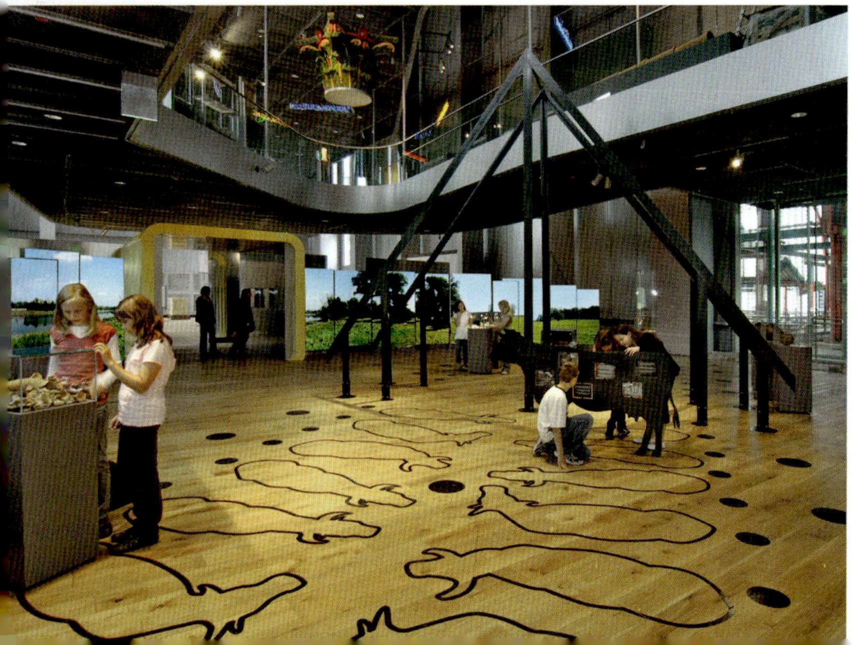
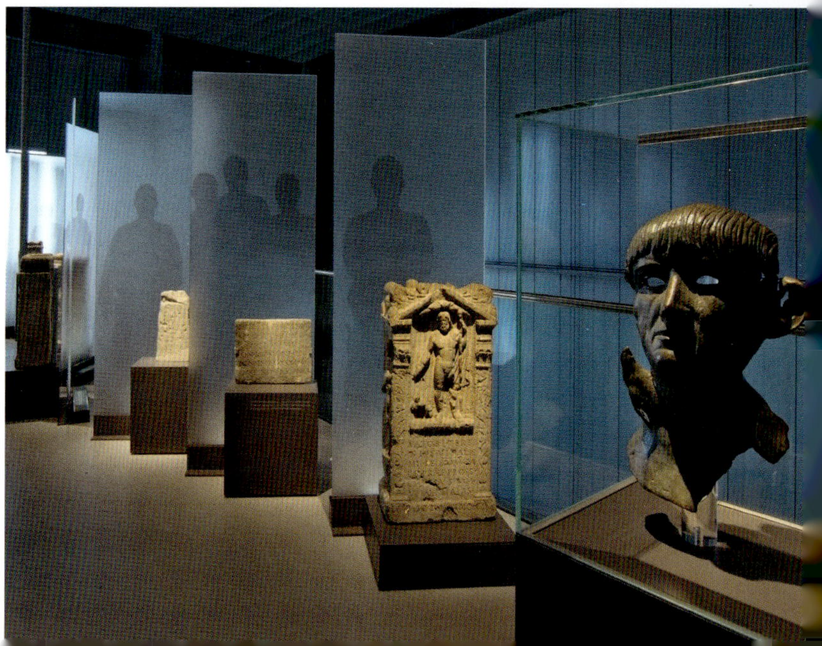

Zwischen Rüstung und Reling

Bereits die Römer siedelten in der Colonia Ulpia Traiana, zu gut deutsch in Xanten. Xanten zählt zu den historisch bedeutendsten Städten am Niederrhein. Seit Jahrzehnten sind das RömerMuseum und der archäologische Park ein Höhepunkt beim Besuch der Region im Nordwesten Nordrhein-Westfalens. Besonders beeindruckend ist das große Amphitheater, im Sommer u.a. regelmäßig Schauplatz musikalischer Großveranstaltungen. Außerdem werden im Park unzählige römische Fundstücke gezeigt, freigelegte antike Thermen, Waffen und Gebrauchsgegenstände aus der Zeit, als die Niederrheiner noch Latein sprachen. Wer nach so viel Geschichte in römischer Rüstung etwas Zerstreuung sucht, hat es in Xanten nicht weit. Wussten Sie etwa, dass in Xanten Nord- und Südsee nur wenige Meter voneinander entfernt sind? Die beiden ehemaligen Baggerseen sind heute eines der größten Wassersportzentren Deutschlands. Segeln, Wasserski, Rudern, Kanu fahren oder bei Grillsteaks und einem kühlen Bier auf Flößen mit Elektromotor übers Wasser gleiten, Xanten ist das Wassersport-Zentrum am Niederrhein.

Tipp von Tamina

Xanten ist ein gutes Beispiel dafür, wie spannend Geschichte sein kann, wenn sie entsprechend aufbereitet ist. Besonders eindrucksvoll sind natürlich die Vorführungen im archäologischen Park, wenn die Zeit vor 2000 Jahren wirklich lebendig und erlebbar wird. Römische Geschichte muss eben nicht das Pauken von Jahreszahlen sein! Einmal in Xanten sollten Sie auch die Mitmachmühle an der alten Stadtmauer besuchen. Ich war selber dort und konnte mir ein Bild davon machen, wie anstrengend das Müller-Dasein früher war. Auch hier Geschichte zum Anfassen! Wenn Sie von weiter weg anreisen, sollten Sie sich auf jeden Fall rechtzeitig über Veranstaltungen und Sondervorführungen informieren, es lohnt sich! Salve in Xanten!

LVR-RömerMuseum und
Archäologischer Park Xanten
Am Rheintor • 46509 Xanten
Tel.: (02801) 9889213 • www.apx.lvr.de

Freizeitzentrum Xanten
Strohweg 2 • 46509 Xanten
Tel.: (02801) 715656 • www.f-z-x.de

Weiter Himmel – grünes Land. Der Niederrhein

Schräg und schrill

Unter den zahlreichen Mühlen am Niederrhein nimmt sie einen ganz besonderen Platz ein, die Viller Mühle an der Niers in Goch. In 41 Krämerläden anno dazumal kann man erleben, wie die gute alte Zeit eingefroren scheint. Immer wieder kommen Filmteams zur Mühle, die Kulissen für längst Vergangenes suchen oder sich hier mit historischen Requisiten ausstatten lassen. Nirgendwo finden sich in einem Regal so viele Filmstars wie hier an der Niers! Dazu findet sich mit dem Hausherrn Heinz Bömler ein Mann, der am Niederrhein so bekannt ist wie ein bunter Hund. Als „wahnsinniger Puppenspieler" zieht er wie früher die Gaukler durchs Land und begeistert Jung und Alt. Museale Ausstellungsräume, Sacklager, Bunker oder Biergarten, kein Besuch am Niederrhein ohne eine Stippvisite bei Heinz Bömler in der Viller Mühle!

Viller Mühle
Viller 27
47574 Goch-Kessel
Tel.: (02827) 925580
www.viller-muehle.de

Tipp von Tamina

Mit Heinz Bömler habe ich den Niederrhein von seiner vielleicht skurrilsten, auf jeden Fall aber heitersten Seite kennen gelernt! Wenn Sie die Viller Mühle und ihren etwas schrillen Hausherrn besuchen, bestellen Sie ihm bitte einen Gruß von mir!

Weiter Himmel – grünes Land. Der Niederrhein

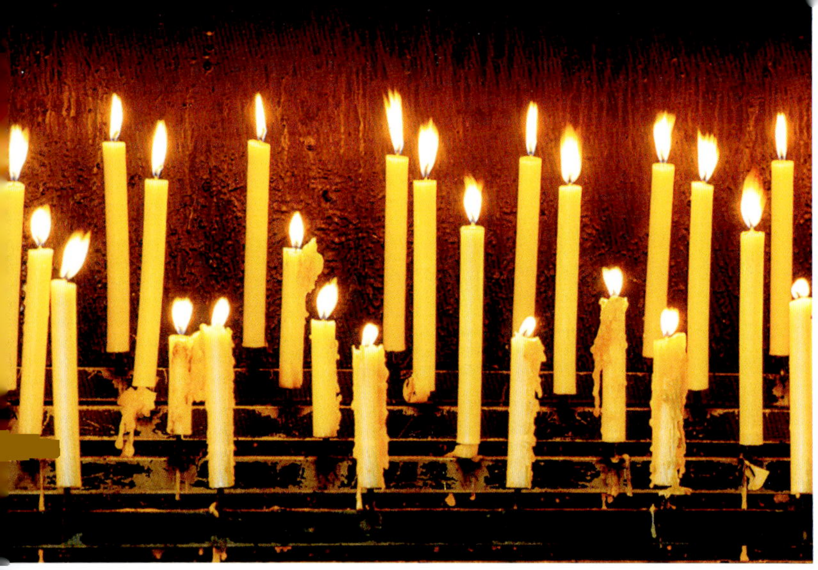
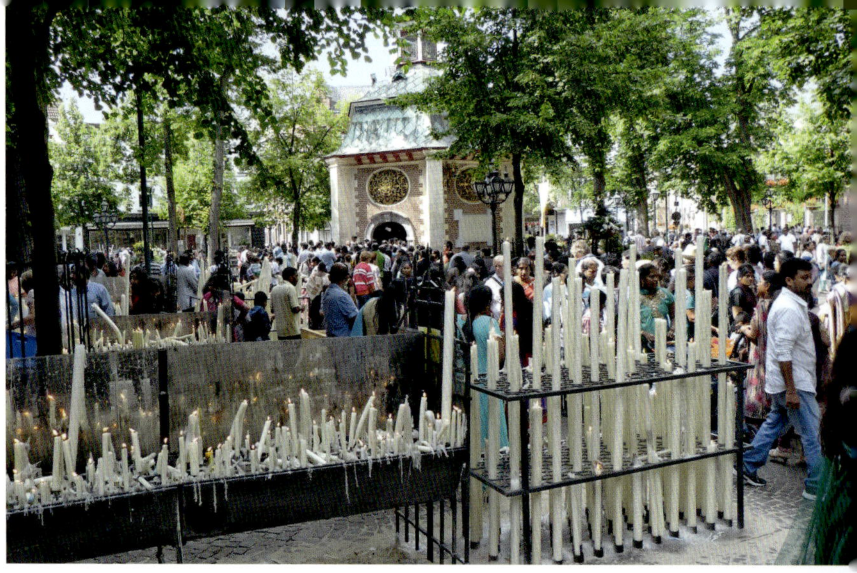
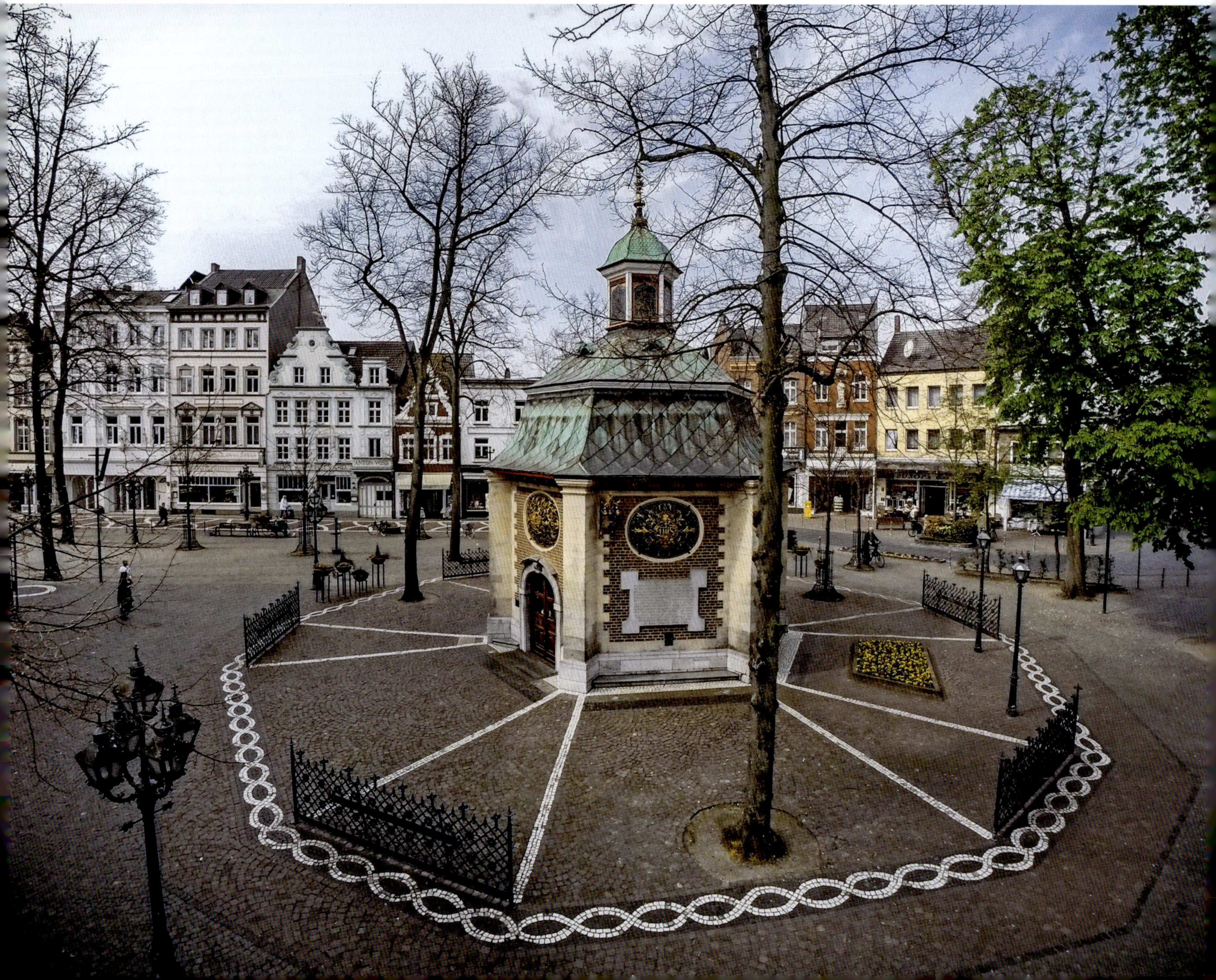

Stattliche Städte

Der nördliche Niederrhein, den Tamina Kallert bei ihrem Besuch im Visier hatte, bietet neben den landschaftlichen Reizen eine ganze Reihe von Städten, die jede für sich einen Besuch wert ist. Die meistbesuchte Stadt der Region haben wir uns für das Ende dieses kleinen Streifzuges durch den nördlichen Niederrhein aufgespart: Kevelaer. 30 000 Einwohner, aber etwa 800 000 Besucher pro Jahr, die sich alle wegen eines nicht einmal Din A4 großen Bildes auf den Pilgerweg an den Niederrhein machen. Das Bild stammt aus dem 30-jährigen Krieg und zeigt Maria, die Gottesmutter. Die Legende um das Bild reicht zurück in das Jahr 1641, als einem Kaufmann bei Kevelaer eine himmlische Stimme gebot, dort eine Kapelle zu bauen. Der gottesfürchtige Mann tat, wie ihm befohlen. Seiner Frau aber erschien nächtens ein glänzendes Licht mit einem Bildnis der Gottesmutter, das ihr zuvor als kleines Bild zum Kauf angeboten worden war. Der Mann machte sich auf die Reise, konnte das Bild tatsächlich erstehen und nach einigen Umwegen landete es tatsächlich in der Kapelle zu Kevelaer. Es folgten Wunderheilungen und Erscheinungen und bereits im Jahr 1647 wurde Kevelaer von der katholischen Kirche offiziell als Wallfahrtsort anerkannt.

Hanns-Dieter Hüsch, bereits eingangs zitierter Poet und Kabarettist vom Niederrhein, wird hierin keinen Zufall gesehen haben, hat er doch festgestellt, dass der liebe Gott den Niederrhein besonders ins Herz geschlossen hat. Er schrieb:

*„Und hier geht auch der Liebe Gott
von Zeit zu Zeit spazieren.
Er hat am Niederrhein ein Haus,
dort ruht er sich vom Himmel aus."*

Wallfahrt Kevelaer
Kapellenplatz 35
47623 Kevelaer
Tel.: (0 28 32) 9 33 80
www.wallfahrt-kevelaer.de

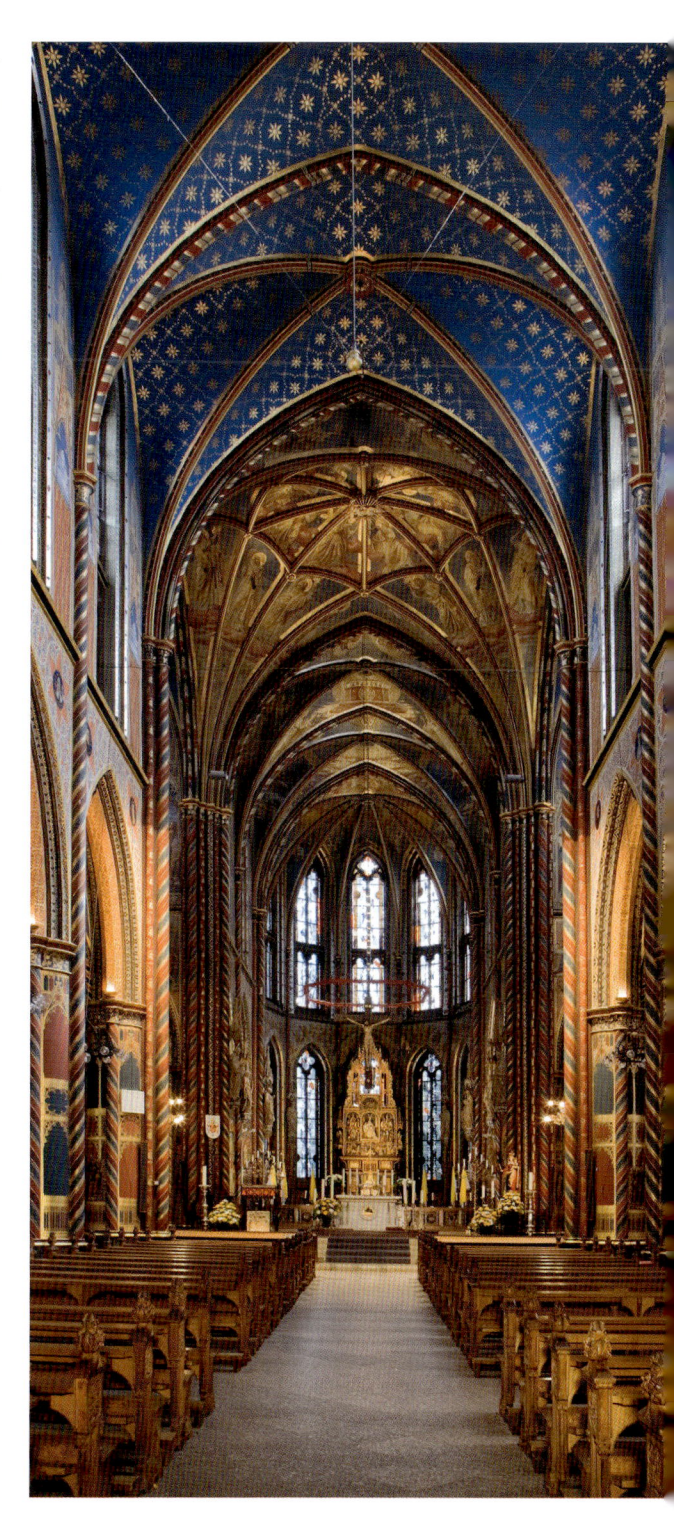

800 000 Besucher jährlich pilgern zur Mutter Gottes von Kevelaer

Weiter Himmel – grünes Land. Der Niederrhein

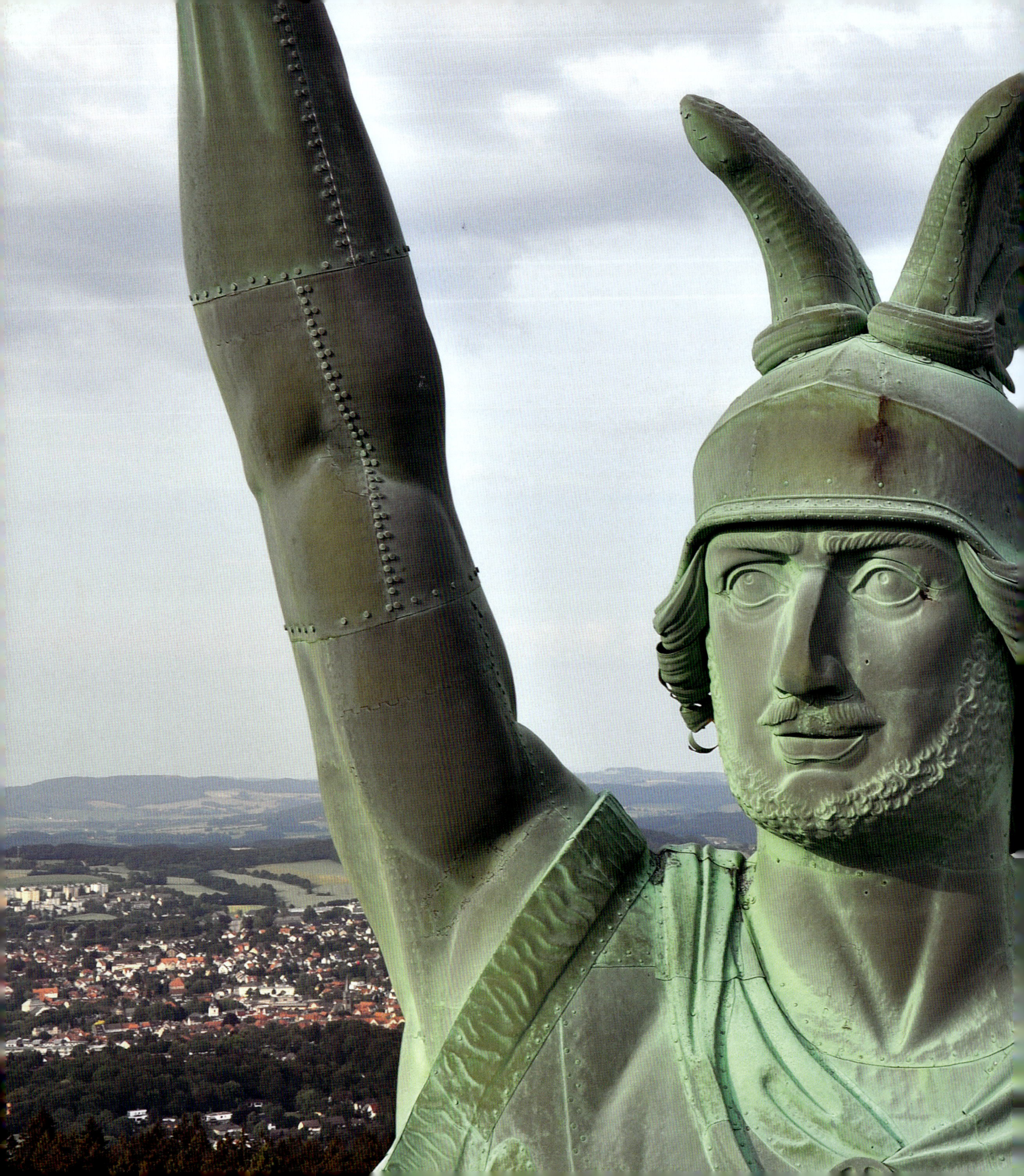

Teutoburger Wald

Auf dem Hermannsweg durch Ostwestfalen

Am weißen H auf schwarzem Grund sollt Ihr ihn erkennen, den 156 Kilometer langen Hermannsweg. Seinen Namen verdankt der bereits 1902 eröffnete Fernwanderweg natürlich Hermann, dem legendären Heerführer der Germanen, der eigentlich römisch „Arminius" hieß. Der Weg über die Höhen des Teutoburger Waldes führt von Rheine im Westen bis zum höchsten Gipfel, dem Velmerstot bei Leopoldstal im Osten. Ob Hermann selbst den Weg je gegangen ist, dürfte genauso zweifelhaft sein wie der genaue Ort der berühmten Schlacht im Teutoburger Wald. Wo Hermann alias Arminius die römischen Legionen des Varus im Jahr 9 n. Chr. vermutlich aus dem Hinterhalt angriff und vernichtend schlug, ist bis heute umstritten. Obwohl der legendäre Cheruskerfürst zur Zeit der Einrichtung des Wanderweges schon 27 Jahre lang als Bronzefigur sein Schwert bei Detmold in den Lippeschen Himmel reckte, erkor man das Denkmal 1902 weder zum Start- noch zum Zielort des Hermannsweges. Es stellt lediglich eine Station dar, zu der später mehr zu berichten ist.

Das Rheine-Vergnügen von Anfang an

Der Hermannsweg beginnt in Rheine. Die Emsstadt ist nach Münster die zweitgrößte Stadt des Münsterlandes und liegt etwa genau auf der Hälfte der Strecke zwischen Münster und Osnabrück. Schon vor 1000 Jahren wurde im Raum Rheine Salz gewonnen. Solehaltige Quellen lieferten das weiße Gold. Auch wenn die Salzgewinnung 1952 endgültig unrentabel und eingestellt wurde, die Spuren der salzigen Vergangenheit der Stadt finden sich im Salinenpark nahe der Ems. Die dortige Saline „Gottesgabe", die bereits vor fast 600 Jahren erschlossen wurde und heute ein technisches Denkmal darstellt, kann bei Führungen besichtigt werden. Jederzeit zugänglich und der Gesundheit zuträglich ist das Gradierwerk an der Saline, dessen solehaltige Dünste Atemwegserkrankungen entgegenwirken.

Gottesgabe von Menschenhand: die Saline in Rheine

Nach Mönchskloster heute Musentempel: Schloss Bentlage

Heimische Kunst in der Westfälischen Galerie

Aus Stein gebaut – mit Salz bezahlt

Eine wechselvolle Geschichte ist mit dem Kloster bzw. Schloss Bentlage verbunden. Als kleine Kapelle mit Friedhof zunächst über fast 500 Jahre eher unbedeutend, entwickelte sich das Kloster im 15. Jahrhundert zu nennenswerter Größe. 1437 erhält der Orden vom Heiligen Kreuz das Recht der Salzgewinnung auf seinen Gütern; neudeutsch würde man sagen, die Mönche erhielten die Lizenz zum Gelddrucken. Die Geschichte der Anlage als Kloster endet 1803, als die letzten Mönche es verlassen. Die Anlage wird mehrfach umgebaut. Aus dem Kloster wird ein Schloss, die Klosterkirche wird sogar abgerissen und ist heute nur noch als restaurierter Grundriss erkennbar. 1978 schließlich wird die Stadt Rheine Besitzer des Schlosses sowie der dazugehörigen Ländereien und in den folgenden Jahren beginnt die Restaurierung von Bentlage. Geblieben sind die Bentlager Reliquiengärten mit kostbaren Schreinen. Die Gebäude selbst beherbergen heute ein Museum. Hier ist u. a. die Westfälische Galerie untergebracht, die Werke bedeutender heimischer Maler wie Otto Modersohn und August Macke zeigt.

Kloster/Schloss Bentlage
Bentlager Weg 130
48432 Rhein
Tel.: (05971) 91 84 68
www.kloster-bentlage.de

Tipp von Andrea

Bentlage verlassend führt der Hermannsweg vorbei an Hörstel bis zu einem seiner „magischen" Punkte, den Dörenther Klippen. Für diese schroffe und etwas bizarre Felsformation sollten Sie sich etwas Zeit nehmen und auf dem Wanderweg vielleicht eine Rast einlegen. Aber rasten Sie nicht zu lange, sonst wird Ihnen vielleicht das Schicksal zuteil, das hier einer Frau vor langer Zeit widerfuhr. Es ist so lange her, dass die Klippen noch direkt am Meer lagen und sie regelmäßig von den Meeresfluten umspült wurden. Damals rettete eine Frau ihre Kinder vor dem Ertrinken, indem sie sie auf die Schultern hob und dabei selbst im Wasser stand bzw. hockte. Dabei soll sie zu Stein geworden sein, nicht wirklich eine Belohnung ihres heldenhaften Tuns, aber vermutlich hat das die Kinder damals gerettet. Wie dem auch sei, das „Hockende Weib" können Sie an den Dörenther Klippen bis heute bewundern und ganz so eilig müssen Sie es auch nicht haben, eine Flut wird hier derzeit nicht erwartet!

Mittelalterlich und malerisch

Zweifellos einer der schönsten Orte am Hermannsweg ist Tecklenburg, vielen Autofahrern vor allem durch die gleichnamige Autobahnraststätte an der A1 geläufig. Mitten zwischen den mittelalterlichen Häusern und Gassen der Altstadt führt der Hermannsweg durch die Stadt, die sich nicht zu Unrecht den Beinamen „Westfälisches Rothenburg" erworben hat. Tecklenburg ist nicht nur Ortsname, die Tecklenburg gab es wirklich. Hoch über dem Ort sind leider nur das Torhaus und einige Mauern der einst trutzigen Wehranlage erhalten. Dabei waren die Grafen von Tecklenburg einst mächtige Männer, sie saßen an einer der Passstellen über dem Kamm des Teutoburger Waldes und dürften nicht zuletzt an den Pilgern auf dem Jakobsweg Richtung Spanien, die hier vorbeikamen, ihr Geld verdient haben.

Tipp von Andrea

Auch die Burgruine zähle ich nach meinem Besuch auf dem Hermannsweg zu den magischen Orten. Nicht zuletzt wegen einer gruseligen Geschichte, die ich Ihnen nicht vorenthalten möchte. Einst soll es eine Gräfin von Tecklenburg gegeben haben, die besonders schön, aber auch besonders eitel war. So eitel, dass sie keine andere Schönheit neben sich duldete. Als ihr eine alte Frau weissagte, sie werde sieben Töchter gebären, die sie allesamt an Schönheit übertreffen würden, kam das einem Todesurteil für den gräflichen Nachwuchs gleich. Eine Tochter nach der anderen ließ die grausame Gräfin nach der Geburt töten. Die Schuld für den Tod der Kinder schob sie sogar der unschuldigen Amme unter, die als Hexe auf der Burg verbrannt wurde. Beim siebten Mord schließlich wurde sie vom Gatten ertappt, der seine Gemahlin daraufhin in ein Verlies einmauern ließ. Das Einzige, was er ihr dorthin mitgab, war ein Spiegel, in dem sie ihre welkende Schönheit bis zum bitteren Ende ertragen sollte. Seit ihrem Tod geistert die Kindsmörderin um Mitternacht durch die Ruine und wenn eine schöne Frau vorbeikommt, wirft sie mit dem Spiegel nach ihr, weil sie ihren Anblick nicht erträgt. Ich schien ihr Gott sei Dank nicht schön genug. Wenn Sie Burg Tecklenburg besuchen wollen, im Sommer finden auf der Burganlage die Tecklenburger Freilichtspiele statt und da wird nicht mit Spiegeln geworfen!

Freilichtspiele Tecklenburg e.V.
Schlossstraße 7 • 49545 Tecklenburg
Tel.: (05482) 220/227 • www.buehne-tecklenburg.de

Die Stadt der Eibe

In Bad Iburg verlassen wir nordrhein-westfälischen Boden, der staatlich anerkannte Kurort liegt im südlichen Zipfel des Osnabrücker Landes und gehört zu Niedersachsen. Der Name Iburg ist nicht die Erfindung eines amerikanischen Computer-Konzerns, der allem auf dieser Welt gerne ein I voranstellt. Er geht vielmehr auf die Baumart Eibe zurück, im mittelniederdeutschen Iwe. Davon muss es in Bad Iburg früher viele gegeben haben. Das kleine Bad ist bekannt für seine Kurkliniken zur Behandlung unterschiedlichster Krankheitsbilder. Von orthopädischer Nachsorge bis zur Behandlung von Rheuma, Atemleiden und Stoffwechselstörungen reicht die Palette medizinischer Anwendungen.

Tourist-Info Bad Iburg
Am Gografenhof 3 • 49186 Bad Iburg
Tel.: (05403) 40466 • www.badiburg.de

Von Burg zu Burg

Den Weg zum nächsten Ziel prägen hohe Buchenwälder, der vielleicht typischste Baum für den Teutoburger Wald überhaupt. Von Bad Iburg zur Burg Ravensberg sind es knapp 20 km. Die Burg aus dem 11. Jahrhundert wird überragt vom 20 m hohen Bergfried. Von ihm aus bietet sich ein wundervoller Panoramablick über den Teutoburger Wald. Im Schatten des unübersehbaren Bergfrieds steht das Brunnenhaus, in das man auf jeden Fall einen Blick werfen sollte. Der rund 100 m tiefe Brunnenschacht ist komplett ausgeleuchtet und bietet einen ungewöhnlichen Blick in die Tiefe. Burg Ravensberg besitzt damit den zweittiefsten mittelalterlichen Burgbrunnen in Deutschland.

Stiftung Burg Ravensberg
Burg Ravensbergplatz 1
33829 Borgholzhausen
Tel.: (05425) 933544
www.burg-ravensberg.de

Tipps von Andrea

Wenn Sie auf dem Hermannsweg in Bad Iburg Rast machen, nutzen Sie doch die Pause in einer der öffentlichen Kneipp-Anlagen! Ich habe es selbst versucht. Schon ein paar Schritte im allerdings eiskalten Wassertretbecken und müde Wanderfüße kommen wieder in Schwung! Ganz wichtig: Die Füße nach dem Wassertreten nicht mit dem Handtuch abtrocknen. Es sind extra hohe Bänke angebracht, auf denen sie gemütlich sitzend abwarten sollten, bis Ihre Füße wieder trocken sind, nur dann stellt sich der gewünschte Effekt ein! Kostet etwas Überwindung – sonst nix!

Ich habe die Burg Ravensberg bei unserer Sendung mit meinem Reisebegleiter Ingolf Lück besucht. Der aus dem benachbarten Bielefeld stammende Moderator und Comedian war schon als Kind auf der Burg und hat mir gezeigt, wie die alte Brunnenanlage funktioniert. Wer Wasser aus der Tiefe holen will, muss dazu in einem großen Holzrad laufen. Das Ganze erinnert schon ein bisschen an ein Hamsterrad, aber hier wickelt sich dadurch das Seil auf und zieht den Schöpfeimer nach oben. Rund 18 Minuten dauert es, bis der Eimer aus der Tiefe nach oben kommt. Tapferer Ingolf!

Hoch über Bielefeld: die Sparrenburg

Die Stadt, die es nicht gibt

Auf einer Party 1993 soll es passiert sein. Es wurde über Bielefeld gesprochen und jemand warf aus Jux ein: „Bielefeld gibt es doch gar nicht". Spontan bildete sich in Partylaune die Idee einer Verschwörung, die sich als „Bielefeldverschwörung" besonders im Internet geradezu blitzartig verbreitete. Da zu der fraglichen Zeit die Autobahnabfahrten in Bielefeld wegen größerer Sanierungsarbeiten gesperrt werden mussten, erhielt die Idee sogar ein gewisses Futter. Doch Verschwörung hin oder her, Bielefeld gibt es und es lohnt sich, die Stadt zu besuchen. Schon 1912 leistete sich Bielefeld einen Botanischen Garten, der mitten in der Stadt liegt. Der Garten bietet seinen Besuchern eine Fülle von Pflanzenarten, vom Bodendecker bis zum Mammutbaum mit seiner weichen Rinde. Bekannt ist der Garten für seine Rhododendren- und Azaleensammlung sowie die Präsentation unterschiedlicher Gärten. So findet man hier einen Steingarten, einen Gewürz- und Heidegarten sowie einen Arzneigarten.

Tipp von Andrea

Natürlich bietet die größte Stadt Ostwestfalens und damit die größte Stadt am Hermannsweg jede Menge Sehenswürdigkeiten. Ob die im Stadtgebiet verteilten Kirchen oder etwa das alte Rathaus und das Crüwellhaus am alten Markt, die Stadt, die es nicht gibt, ist unverkennbar der kulturelle Mittelpunkt der Region. Wir haben uns bei unserem Besuch in Bielefeld für ein etwas unscheinbares Kleinod entschieden – die im so genannten Spinnereiviertel beheimatete Wäschefabrik, die als ein Symbol für die Geschichte der Stadt als Zentrum der Textilindustrie gelten darf. Wie auch in vielen anderen Museen der Industriekultur scheint hier die Zeit wie eingefroren. 1913 erbaut wurde hier bis 1990 genäht, wenn auch zum Schluss in sehr bescheidenem Rahmen. Die unangetasteten Produktionsräume aus den 1960er-Jahren geben aber einen Einblick, wie es hier zur Blütezeit zugegangen sein muss. Die Wäschefabrik ist seit 1997 ein Museum und unbedingt einen Besuch wert!

Museum Wäschefabrik
Viktoriastraße 48a • 33602 Bielefeld
Tel.: (0521) 60464 • www.museum-waeschefabrik.de

Teutoburger Wald

Seht einmal, da steht er

Er gehört zu den meistbesuchten Denkmälern Deutschlands. Generationen von Schulkindern haben seine Heldentaten nacherzählen müssen und seit 1875 steht er bei Hiddesen auf dem Sockel: Hermann der Cherusker! Auch wer nicht anfällig ist für allzu martialische Kolossalstatuen, der mit Sockel mehr als 53 Meter in den ostwestfälischen Himmel ragende Hermann flößt einem schon Respekt ein. Für die Figur wählte man eine Stahlplatte als Träger, auf die quasi ein Skelett aus Eisen gesetzt wurde. Als Haut verkleidete man dieses Skelett dann mit Kupferplatten, deren Nieten man bei genauerem Hinsehen gut erkennen kann. 42 Tonnen bringt Hermann auf die Waage und es ist schon eine reife Leistung, seit 1875 ein immerhin sieben Meter langes und 550 Kilo schweres Schwert in die Höhe zu recken. Nach Westen übrigens, denn zu Zeiten des Baus des Hermannsdenkmals vermutete man den Feind eher dort.

Hermannsdenkmal
Grotenburg 50
32760 Detmold
Tel.: (05231) 3014863
www.hermannsdenkmal.de

Geschichte zum Anfassen

Kurz vor dem Ende des Hermannsweges empfiehlt sich ein Abstecher zum Freilichtmuseum in Detmold. Das 1971 eröffnete Museum versteht sich als Volkskundemuseum. Trägt das andere große Freilichtmuseum des Landschaftsverbandes Westfalen-Lippe in Hagen eher der technischen und kleinindustriellen Entwicklung Westfalens Rechnung, so liegt der Schwerpunkt in Detmold auf dem Agrarsektor. Auf 90 Hektar Fläche wurden mehr als 100 historische Häuser aus ganz Westfalen aufgebaut, die in aller Regel zuvor an ihrem angestammten Standort abgebaut worden waren. Mit dem Hauptaugenmerk auf die Landschaftsökologie und die sich im Laufe der Jahrhunderte verändernde Kulturlandschaft hat man es in Detmold nicht bei historischen Häusern, Scheunen und Werkstätten belassen. Besonders die jungen Besucher freuen sich über die auf dem Museumsgelände lebenden einheimischen Haustierrassen wie das an seinen dunklen Hautpunkten erkennbare Bentheimer Schwein oder die Lippegans. Seit 2001 beteiligt sich das Museum auch an einem Nachzuchtprogramm für die sogenannten Senner Pferde. Seitdem wurden im Museum acht Fohlen der vom Aussterben bedrohten Rasse geboren.

LWL Freilichtmuseum Detmold
Krummes Haus 1
32760 Detmold
Tel.: (0 52 31) 70 60

Die Geschichte der Landwirtschaft ist im Freilichtmuseum Detmold dokumentiert.

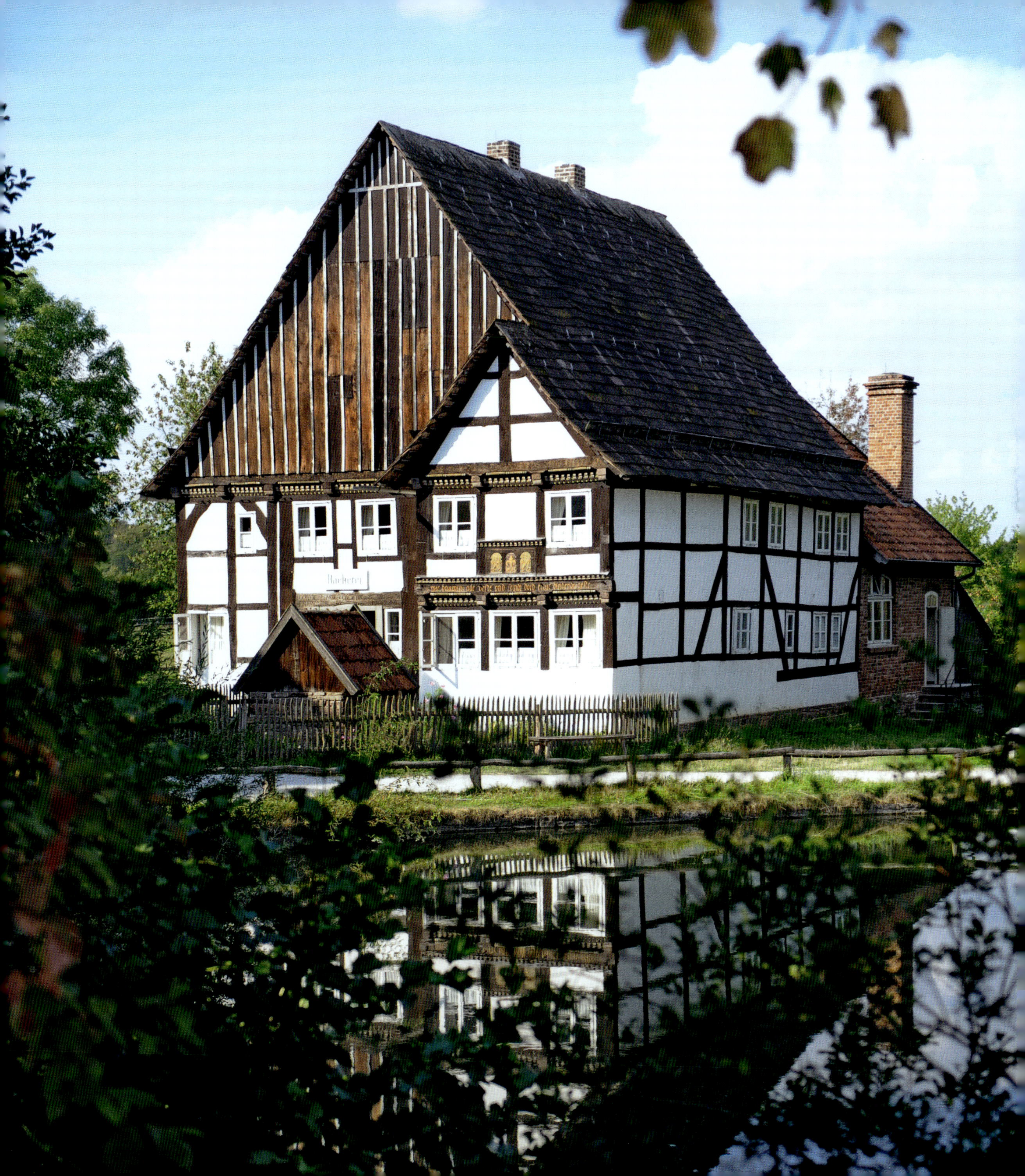

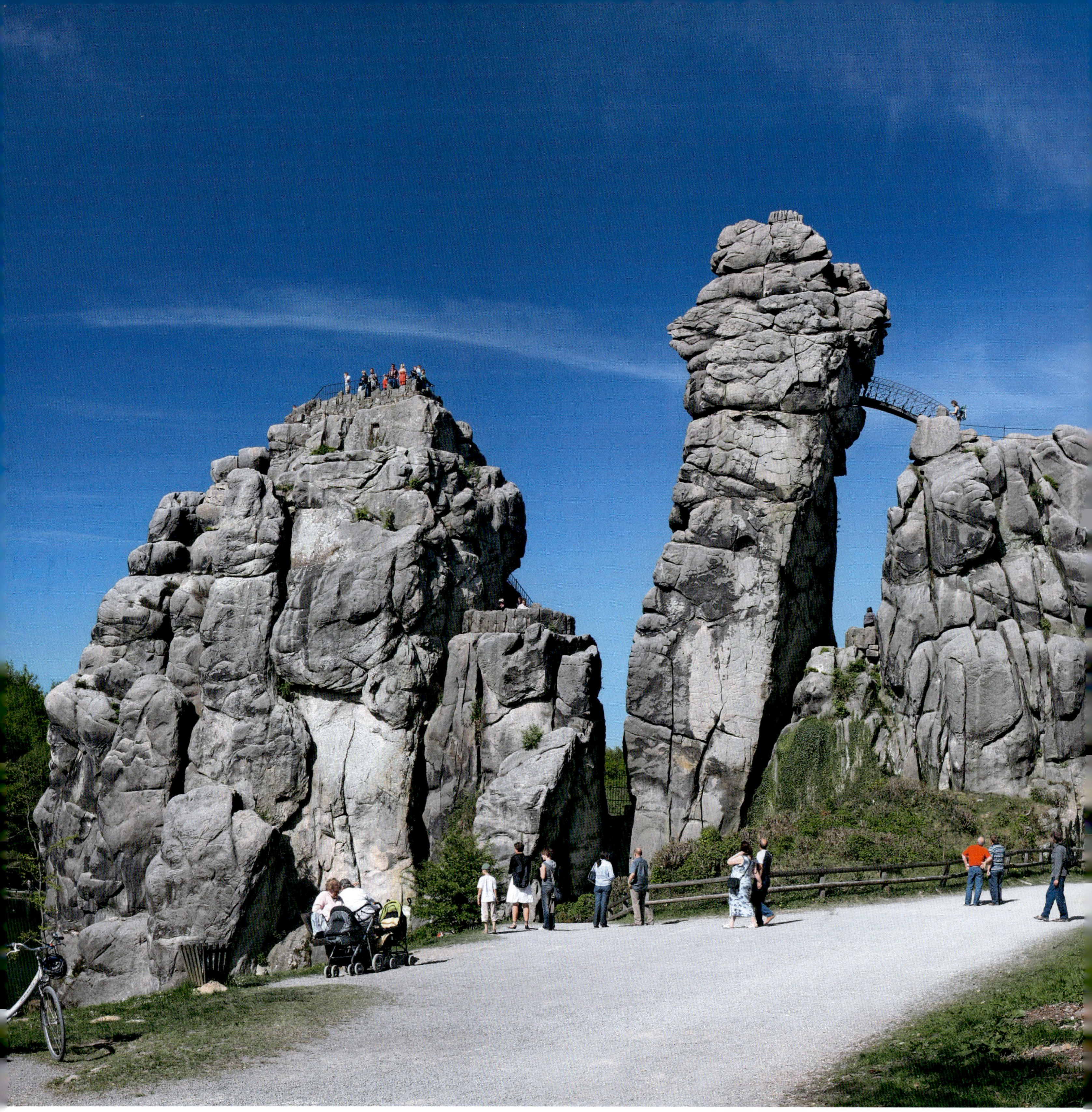

Versteinerte Magie und Mystik

Wenn diese Stein reden könnten! Seitdem Menschen der Meinung sind, es müsse noch andere Dinge geben außer denen, die man sehen, hören, anfassen oder riechen kann, wurden sie von den Externsteinen in Horn-Bad Meinberg magisch angezogen. Kultstätte und Kraftort, seit Jahrtausenden haben Menschen in dem fast 50 Meter in den Himmel ragenden Felsen Besonderes gesehen oder gefühlt. Schon im 17. Jahrhundert wurden aufwändig Treppen in den Felsen gehauen, um zumindest einen Teil der Felsformation zugänglich zu machen. Rein wissenschaftlich betrachtet handelt es sich bei den Externsteinen um eine Sandsteinformation, deren einzelne Felsen durchnummeriert sind. Schöner sind allerdings die Namen, die den Säulen vom Volksmund gegeben wurden: Turmfels, Grottenfels, Treppenfels, Wackelstein- oder Ruferfelsen, viel Fantasie braucht man nicht, um vor Ort die einzelnen Externsteine ihren Namen zuzuordnen. Da das Treiben rund um die Felsen zur Sonnenwendfeier und in der Walpurgisnacht in den letzten Jahren ausuferte, griffen die Behörden zu Restriktionen. So wurde das Errichten von Zelten, das Abbrennen von Feuern und der Genuss von Alkohol an den Steinen untersagt.

Externsteine
Externsteiner Straße
32805 Horn-Bad Meinberg
Tel.: (0 52 61) 2 50 20
www.externsteine.de

Tipp von Andrea

Auch wenn man nicht esoterisch angehaucht ist, kann man sich der Anziehungskraft der Externsteine nur schwer entziehen. Für mich war es ja das Ende der Wanderung auf dem Hermannsweg und wer den Weg erwandert, sollte ihn vielleicht wie wir von West nach Ost gehen und an den Externsteinen beenden. Für mich fühlte es sich jedenfalls schon so etwas wie eine Belohnung an, oben auf den Steinen zu stehen. Wenn man sich dann noch vorstellt, was sich um sie herum, auf und in ihnen alles schon ereignet haben soll ...

Auf dem Hermannsweg durch Ostwestfalen

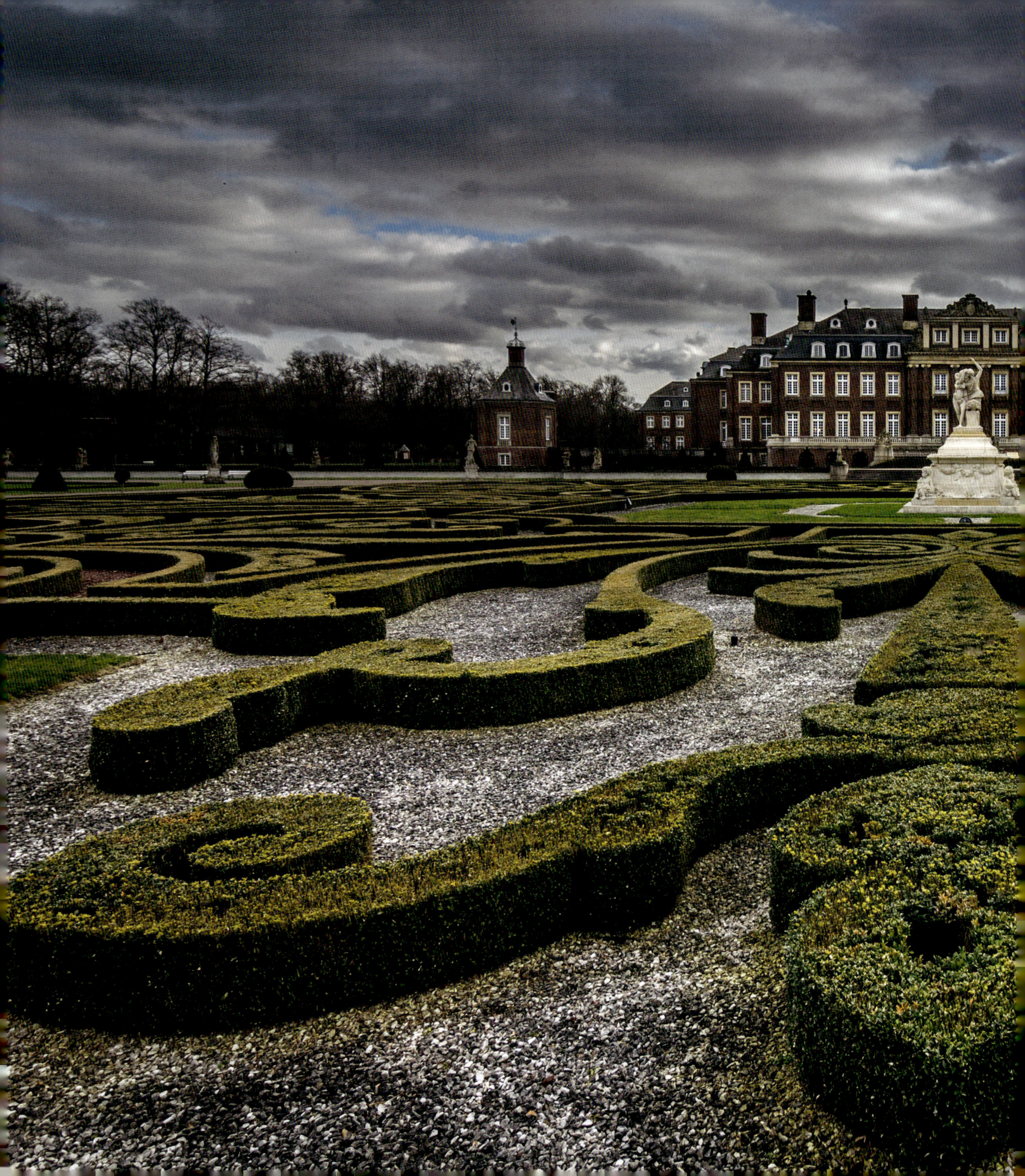

Das Münsterland

Ein Tatort der Superlative
Münster

Münster

Was Münster in den letzten Jahren an Preisen und Auszeichnungen bekommen hat, reicht für ein eigenes Buch. Gleich mehrfach wurde die Westfalenmetropole zur fahrradfreundlichsten Stadt Deutschlands gekürt. Den spektakulärsten Preis heimste Münster 2004 ein, als die Stadt in Kanada zur „lebenswertesten Stadt der Welt" gekürt wurde. Im selben Jahr war Münster auch noch „kinderfreundlichste Stadt" Deutschlands. Mit seinen insgesamt acht Hochschulen ist Münster „Stadt der Wissenschaft". Außerdem wurde Münster mehrfach zur „Klimahauptstadt" Deutschlands gewählt. Psst! – Münster ist die „leiseste" Großstadt Deutschlands und seit 2002 darf sich Münster auch

Erstrahlt wie in alten Zeiten: die Fassade des Rathauses in Münster

Beliebtestes Verkehrsmittel in Münster: das Fahrrad

Möblierung und Vertäfelung des Friedenssaals konnten gerettet werden

noch rühmen, Schauplatz des beliebtesten Ermittler-Teams des ARD-Tatorts zu sein. Wenn Thiel und Boerne auf Verbrecherjagd gehen, jagen Millionen von Zuschauern mit.

Münster hat 300 000 Einwohner und rund 50 000 Studenten, ist Bischofssitz, Verwaltungs- und Gerichtsstandort und vor allem das kulturelle und wirtschaftliche Oberzentrum des Münsterlands. Außerdem gehört Münster zu den flächengrößten Städten Deutschlands und, was vielleicht die wenigsten wissen: Die Hälfte seiner 300 Quadratkilometer wird bis heute landwirtschaftlich genutzt.

Münster im Mittelpunkt der Welt

In den Fokus der Weltöffentlichkeit, wenn es sie denn damals überhaupt gab, rückte Münster 1648. Europa war ein Schlachtfeld, von Schweden bis Spanien lagen die europäischen Herrscher im Krieg. Die Landschaften waren verwüstet, die Armeen zum Teil demoralisiert, die Zivilbevölkerung von Krieg und Epidemien geschunden. Gewinnen konnte den zu diesem Zeitpunkt 30 Jahre tobenden Krieg niemand mehr, auch wenn bis zum letzten Tag erbittert gekämpft wurde, um am Verhandlungstisch in Münster noch selbst winzige Vorteile herauszuschlagen. Am 15. Mai 1648 wurden schließlich in Münster die ersten Unterschriften geleistet und der Dreißigjährige Krieg ging mit dem „Westfälischen Frieden" zu Ende. Zum ersten Mal in der Geschichte der Menschheit wurde ein Krieg nicht auf dem Schlachtfeld durch Sieg und Niederlage beendet, sondern am Verhandlungstisch. In Münster und Osnabrück wurden territoriale Grundlagen geschaffen, die bis heute in Europa Spuren hinterlassen haben. Auch am Verhandlungsort selbst, im Rathaus von Münster, sind diese Spuren bis heute sichtbar, auch wenn das Rathaus bei einem Bombenangriff der Alliierten 1944 nahezu restlos zerstört wurde. Kuriosum am Rand: Die vordere Fassade ragte noch Stunden nach dem Angriff, man möchte

Die „Kö" von Münster: der Prinzipalmarkt und seine Kolonaden

sagen „in westfälischer Sturheit" in den Himmel, bevor sie dann am Abend vornüber auf den Prinzipalmarkt kippte und zerbrach. Gott sei Dank waren große Teile des historischen Friedenssaales zuvor in Sicherheit gebracht worden. So konnte die gesamte Vertäfelung des Saals inklusive der Decke vor Bomben und Feuer gerettet werden. Der Wiederaufbau zum 300. Jahrestag des Westfälischen Friedens 1948 scheiterte aus Geldmangel, erst zwei Jahre später wurde mit dem Wiederaufbau begonnen. Geld für historische Bauten war da immer noch nicht vorhanden, aber die Münsteraner wollten ihr Rathaus wieder haben. Die Bürger unter Federführung der Münsterschen Kaufmannschaft sammelten Spenden, veranstalteten eine Lotterie und der Erfolg war überwältigend. 1958 konnte das neue alte Rathaus von Münster eingeweiht werden. Von Architekturpäpsten zum Teil mit Häme und Kritik bedacht, machten die Münsteraner von einer ihrer westfälischen Eigenheiten Gebrauch: Lass sie nur reden … Mag die historische Genauigkeit bei der Wiederherstellung des Gebäudes auch zuweilen etwas gelitten haben, beim Friedenssaal konnte weitgehende Originaltreue erreicht werden. Er ist bis heute eine der meistbesuchten Stätten der Stadt.

Rathaus Münster
Prinzipalmarkt 8–9
48143 Münster
Tel.: (0251) 4922724
www.muenster.de

Gute Stube und grauenvollster Tatort

Kaum ein Tatort, in dem der leicht schmuddelige Kommissar und der arrogante Pathologe nicht über den Prinzipalmarkt fahren, radeln oder laufen. Einmal geschah hier sogar ein Mord. Münsters gute Stube ist unumstritten der zentrale Platz der Stadt und die Flaniermeile schlechthin. Die Geschäfte in den Bogengängen des Prinzipalmarkts können es seit Langem mit denen der Düsseldorfer Königsallee oder der Kölner Schildergasse aufnehmen. Direkt am Prinzipalmarkt, was so viel wie „Hauptmarkt der Stadt" bedeutet, steht die Lambertikirche, errichtet aus Sandstein aus den nahe gelegenen Baumbergen (siehe Kapitel Münsterland). Sankt Lamberti gilt unter Historikern als bedeutendster Sakralbau der westfälischen Spätgotik, berühmt-berüchtigt ist die Kirche aber für etwas ganz anderes und dagegen ist der Tatort-Mord wirklich ein Kindergeburtstag. So hängen bis heute am Kirchturm von Sankt Lamberti drei Eisenkäfige, die ihre besonders grausige Bewandtnis haben. Ab 1530 weitete sich der Einfluss der so genannten „Wiedertäufer" in Münster aus, einer radikalen Abspaltung der protestantischen Reformationsbewegung, schließlich kam es zur Gründung des „Täuferreichs von Münster". Ihr Anführer Jan van Leiden ließ sich gar zum König krönen. 1535 beendeten Belagerungstruppen das Wiedertäufer-Regime. Rund um den Prinzipalmarkt wurde ein Blutbad angerichtet. Besagter van Leiden und zwei seiner Mitanführer wurden schließlich 1536 vor der Lambertikirche zu Tode gefoltert. Man riss ihnen mit glühenden Zangen die Zungen heraus, zerfetzte ihre Körper und erdolchte sie schließlich nach stundenlanger Tortur. Zur Abschreckung wurden die Leichname der drei Männer in Eisenkäfigen an der

„Tatort" mit Tradition: die Lambertikirche

Lambertikirche zur Schau gestellt, dass sie „allen unruhigen Geistern zur Warnung und zum Schrecken" dienen mögen. Das hat gewirkt: Revolutionen oder Aufstände gleich welcher Art gingen seitdem von Münster nicht mehr aus.

Lambertikirche
Lambertikirchplatz
48143 Münster
Tel.: (0251) 44893
www.st-lamberti.de

Tipp von Tamina

Nur ein paar Schritte vom Prinzipalmarkt entfernt, empfehle ich Ihnen die Frauenstraße 49. Auch ein Tatort gewissermaßen. Wenn Sie vor dem Haus stehen, wird Ihnen das „Antiquariat Solder" sicherlich bekannt vorkommen. Es dient dem Hobby-Detektiv Georg Wilsberg vom ZDF als sein TV-Zuhause. Das kleine Antiquariat ist Schauplatz für Dreharbeiten zu der erfolgreichen Krimiserie „Wilsberg". Ich habe dort Schauspieler Leonard Lansink getroffen und festgestellt, dass der gebürtige Westfale aus Hamm sehr viel Ähnlichkeit hat mit dem „Film-Westfalen" aus der Krimiserie.

Der Schwan und das Tretboot

Ob Mittagspause oder Zeit zwischen zwei Vorlesungen, der mitten in Münster gelegene Aasee ist das Naherholungsgebiet der Stadt. Im Sommer laden Cafés und Restaurants rund um den See ein und auf den Uferwiesen reiht sich eine Picknick-Decke an die andere. Der See selbst ist ein beliebtes und an manchen Tagen dicht befahrenes Segelrevier. Wer hier das Segeln lernt, so ein Fachmann, kann es später überall. Dies vor allem, weil sich an dem kleinen See mitten in der Stadt die Windverhältnisse ständig ändern.

International bekannt wurde der Aasee 2006, als sich ein schwarzes Schwanenweibchen in ein Tretboot in Form eines weißen Schwans verliebte und dem schwimmenden Kunststoff-Schwan fortan nicht mehr von der Seite wich. Zwei Jahre dauerte die ungewöhnliche Liaison, die Kamerateams aus der ganzen Welt an den Aasee lockte, dann war Petra, wie sie getauft wurde, plötzlich verschwunden. Doch die Geschichte hat ein Happy End, Petra tauchte verwundet und abgemagert in der Nähe von Osnabrück auf, wo sie in einer örtlichen Vogelstation aufgepäppelt wurde. In Osnabrück verliebte sie sich dann in einen echten Schwan. Und wenn sie nicht gestorben sind ...

Einst Wiedergutmachung, jetzt Publikumsmagnete: die Elefanten im Zoo Münster

Trockenen Fußes im Zoo

Auf seinen Beinamen „Allwetterzoo" legt der Zoo in Münster großen Wert. Überdachte Wege ermöglichen es den Besuchern, auch bei Regen trockenen Fußes zu vielen der Gehege zu kommen. 1875 gegründet, zog der Zoo fast genau 100 Jahre nach seiner Eröffnung um. Eine Bank hatte nach einem citynahen Grundstück gesucht und die Stadt Münster bot dem Zoo ein größeres Areal zum Tausch an. Tatsächlich bezog der Allwetterzoo dann 1974 neue Gehege im Stadtteil Sentrup. Kuriosum am Rande. Seine letzten beiden Elefanten musste der Münstersche Zoo nach Ende des Zweiten Weltkriegs als Reparationsleistung an Belgien abgeben. Heute kann man im Allwetterzoo von Münster Elefanten nicht nur bestaunen, die Pfleger beteiligen die Besucher aktiv an der Fütterung. 300 Tierarten mit 3000 Tieren machen den Allwetterzoo über Münster und das Münsterland hinaus zu einem beliebten Ausflugsziel, besonders bei Regen.

Allwetterzoo Münster
Sentruper Straße 315
48161 Münster
Tel.: (0251) 89040
www.allwetterzoo.de

Tipp von Tamina

Bei meinem Besuch im Allwetterzoo haben es mir die kleinen Guereza-Äffchen besonders angetan. Die schwarz-weißen Äffchen haben kaum Scheu vor dem Menschen und so kann es vorkommen, dass man auf dem Besucherweg durch ihr Gehege hautnah mit ihnen in Kontakt kommt. Die Guerezas sind regelrechte Springwunder. So können sie im freien Flug von Ast zu Ast Entfernungen von bis zu 10 Metern überwinden. Da sie sich fast ausschließlich von Blättern ernähren, muss der Zoo für den Winter jede Menge Weidenlaub einfrieren, um die Guerezas auch in der blätterlosen Zeit artgerecht füttern zu können.

Ein Tatort der Superlative – Münster

Vom hässlichen Entlein zum Hotspot:
der Hafen von Münster

Tipp von Tamina

Der Hafen von Münster ist wirklich einen Abstecher wert. Zwar springt die Diskrepanz zwischen der chicen Promenade am Nordkai und dem noch etwas „ursprünglichen" Südufer ins Auge, aber das schmälert das besondere Ambiente des Kreativkais in keinster Weise. Wenn Sie den Hafen dann noch zum alljährlichen Hafenfest Anfang Juni besuchen, dann erleben Sie Westfalen und Westfälinnen außer Rand und Band!

www.ms-hafenfest.de

Ein Hauch von Saint-Tropez

Für die zahllosen Hobby-Kapitäne, die auf den Wasserstraßen Nordrhein-Westfalens unterwegs sind, war der Hafen von Münster jahrzehntelang bestenfalls als Tankstelle von Bedeutung. Das hat sich in den letzten Jahren radikal gewandelt. Als der Hafen seine wirtschaftliche Bedeutung als Umschlagplatz für Holz, Baustoffe und Getreide verlor, wurde das Hafenviertel in den 1990er-Jahren immer mehr zur Geisterstadt. Die meisten Frachter auf dem Dortmund-Ems-Kanal ließen Münster buchstäblich links bzw. backbord liegen. Waren es zunächst nur einzelne Firmen, die die leerstehenden Hafengebäude und Lager für sich entdeckten, ging man ab 1997 daran, ein grundlegend neues Nutzungskonzept für das nördliche Ufer des Hafens zu entwickeln. Architektenbüros, kleine Verlage, technische Dienstleister, vor allem aber Cafés und Restaurants erweckten das verwaiste Hafengelände zu neuem Leben. Aus den Docks wurde der Kreativkai. Wenn im Sommer Tausende von Besuchern am Wasser ihren Espresso oder ihren kleinen Roten genießen und im Hafenbecken teure Motoryachten ihre Kreise drehen, dann weht mitten durch Westfalen ein Hauch von Saint-Tropez.

Münster für Fortgeschrittene

Von ZDF-Ermittler Wilsberg und seinem Domizil war schon die Rede. Das Antiquariat Solder liegt im so genannten Kuhviertel, dem Schwabing von Münster. Studentenkneipen, Restaurants, hier kann man in Münster die Nacht zum Tage machen. Über Münster hinaus bekannt ist das Brauhaus Pinkus Müller, in dem Altbier nach traditionellem Rezept gebraut und ausgeschenkt wird. Dazu vielleicht eine Platte westfälischer Knochenschinken und das typische Münsterländer Schwarzbrot, das Pumpernickel. Als ein italienischer Gesandter während der Verhandlungen zum Westfälischen Frieden mit dem Pumpernickel Bekanntschaft machte, soll er über die Münsteraner gesagt haben: „Welch ein armes Volk, das seine Erde essen muss!" Nun ja. Doch das Kuhviertel war nicht immer ein Hotspot für Nachtschwärmer. Ende des 19. Jahrhunderts war es die „Bronx" von Münster. Hier lebten Roma und so genannte „Jenische", fahrendes Volk aus den heutigen Benelux-Staaten, der Schweiz und Italien. Das Kuhviertel wurde zum sozialen Brennpunkt, schlimmer noch, es wurde als „Ganovenviertel" stigmatisiert. Kein Wunder, dass sich die Ausgegrenzten eines Codes, einer eigenen Sprache bedienten, die in Münster bis heute latent vorhanden ist: Masematte. Masematte wird weniger als Idiom gesprochen, aber viele Begriffe der einstigen „Ganovensprache" haben Eingang in die Umgangssprache gefunden. So ist „jovel" für „gut" oder „schön" seit langem auch der Name eines der größten Kulturzentren der Stadt. Das Gegenteil von Jovel ist „schofel" für „mies" oder „schlecht" und was eine „schofelige Behandlung" ist, weiß man nicht nur im Münsterland. „Pani" bedeutet „Wasser" und „Bölkenpani" steht für Sprudel, man ahnt warum.

Münster und sein bekanntestes Brauhaus – westfälischer geht es nicht!

Tipp von Tamina

Ich war ja in Münster mit dem Musiker Winne Voget unterwegs und als er mir von Masematte erzählte, wollte ich das im ersten Moment gar nicht glauben. Bei meinen Reisen durch Deutschland bin ich natürlich immer wieder auf Dialekte gestoßen, in denen es besondere Wörter gibt, die sonst nirgendwo verwendet werden, aber dass mitten in einer Großstadt wie Münster früher eine eigene Sprache gesprochen wurde, wirklich erstaunlich. Aber das ist ja vielleicht auch der Reiz an „Wunderschön", dass unsere Zuschauer eben mehr zu sehen bekommen als nur die Schokoladenseiten. „Patte" für Geld oder das Portemonnaie und „Seeger" für einen eher zwielichtigen Kerl kannte ich schon von meinen Besuchen im Ruhrgebiet. Sind alles Wörter aus Masematte. Also, wenn es in Münster mal wieder so richtig „meimelt", dann „kneistern" Sie doch mal im Kuhviertel vorbei und machen sich auf die Suche nach den Spuren von Masematte. Vergessen Sie alle „Lichte" und gönnen Sie sich ein(e) Lowine. Echt jovel kann ich Ihnen schmusen!

Das Burgenland Westfalens

Schon vor fast 100 Jahren wurde das Münsterland mit einer Parklandschaft verglichen. Das klingt nach Beeten und Rabatten, nach kunst- wie liebevoll inszenierter Grünlandschaft. Doch genau das ist das Münsterland nicht. Gemeint ist, dass die eher dünn besiedelte Region zwischen holländischer Grenze und Teutoburger Wald wie ein Park wirkt. Äcker, Weiden, Streuobstwiesen, dazwischen wie mit dem Salzstreuer verteilte einzelne Gehöfte und Seen. Regelrecht berühmt ist die Kulturlandschaft Münsterland für ihre Burgen und Schlösser, von denen wir einige an dieser Stelle noch näher kennenlernen werden. Gibt es „den Münsterländer?" Als Hunderasse auf jeden Fall und „das Münsterländer" liegt als Weizenmischbrot weiß Gott nicht nur in den Bäckereien von Bocholt, Ibbenbüren oder Gronau. Wo schon einmal von ihm die Rede ist, das Münsterland ist überwiegend katholisch. So war es kein Zufall, dass die katholischen Parteien des Dreißigjährigen Krieges in Münster die Friedensdokumente unterzeichneten, während die protestantischen Kombattanten im mehrheitlich evangelischen Osnabrück dem Westfälischen Frieden zustimmten. Noch heute ist das Münsterland in weiten Teilen identisch mit dem sogenannten Hochstift der Bischöfe von Münster, also ihrem weltlichen Einfluss- und Herrschaftsbereich. Touristisch ist das Münsterland vor allem mit Pferden und Eseln verbunden, wobei Letztere nicht vier Beine, sondern zwei Räder haben und aus Draht bzw. Metall hergestellt werden. Das flache Münsterland ist Nordrhein-Westfalens Fahrrad-Dorado!

Das Münsterland, ein Paradies für Radler!

Per Pedes auf Pättkes

Der vielleicht bekannteste Radwanderweg ist die „100 Schlösser Route". Fast 1000 Kilometer führt die Route auf vier nach den Himmelsrichtungen benannten Schleifen kreuz und quer durch das Münsterland. Diese Schleifen bzw. Rundkurse weisen Längen zwischen 200 und 300 Kilometer auf, sie verbinden Klöster und Kirchen, Burgen und Schlösser, Herrensitze und zum Teil imposante Gehöfte miteinander. Die „100 Schlösser Route" eignet sich besonders für Pedaleure, die keine allzu großen Ambitionen im Sattel haben und ihren Drahtesel gerne mal dem Fahrradschloss anvertrauen, um sich ein Schloss aus der Nähe zu betrachten. Aufmerksame Radwanderer werden schnell feststellen, dass es sich tatsächlich um sehr viel mehr Schlösser, Burgen und Herrensitze handelt als die namengebenden 100.

Münsterland-Tourismus
Airportallee 1
48268 Geven
Tel.: (0 25 71) 94 93 92

Tipp von Tamina

Als begeisterte Radfahrerin bin ich bei unserer Münsterland-Sendung auch sehr viel mit dem Rad unterwegs gewesen. Apropos Fahrrad, so nennt kaum jemand im Münsterland seinen Drahtesel. Stattdessen verwendet man den Begriff „Leeze", dessen Ursprung nicht ganz geklärt ist. Ich tendiere zu der Erklärung, dass es sich um eine Verballhornung des Begriffs „Velociped" handelt. Doch ob Fahrrad oder Leeze, bei meinen Radtouren durchs Münsterland hat mich die Landschaft immer auf besondere Weise gefangen genommen. Was ich meine ist, dass man auf merkwürdige Art und Weise ein bisschen entrückt wird. Die Landschaft ist irgendwie sanfter, alles ist ruhig und wirklich idyllisch. Das hat sicherlich auch damit zu tun, dass man meist abseits der stark befahrenen Straßen auf den sogenannten Pättkes unterwegs ist. Pättkes sind schmale Feld- und Wirtschaftswege oder im Laufe der Jahrhunderte ausgetretene Pfade etwa zwischen den Gehöften und der Kirche. Von dem Wort Pfad leitet sich der münsterländische Begriff „Pättken" ab, wobei er eben kein großer Pfad, sondern eben ein „Pfädchen", ein Pättken ist. Also: Radfahren und Münsterland, das gehört einfach zusammen!

Das Burgenland Westfalens

Die Qual der Schlösser-Wahl

Wahrscheinlich reicht auch im Münsterland der gesamte Jahresurlaub nicht aus, um alle Schlösser und Burgen zu besuchen und zu besichtigen. Aus der Vielzahl hochherrschaftlicher Landsitze mussten wir für „Wunderschön" deshalb eine kleine Auswahl treffen.

Juwel aus Stein, die Burg Vischering

Burg Lüdinghausen, Spiegelbild der Renaissance und der zeitgenössischen Kunst

Die Trutzigen

Burg Vischering in Lüdinghausen wurde im 13. Jahrhundert vom Bischof von Münster gebaut, eine klassische Trutzburg, die mit ihren dicken Mauern und kleinen Fenstern alles andere als einladend wirkt. Vor- und Hauptburg liegen jeweils auf einer kleinen Insel. Gräben und Gräfte waren im flachen Münsterland der klassische Schutzwall gegen ungebetene Gäste. Heute verleiht der Burg Vischering umgebende Teich der Anlage ihren ganz besonderen Reiz. Die Burg selber ist heute eines der Kulturzentren im Münsterland. Regelmäßig ist die Burg Schauplatz von Konzerten, Lesungen usw. Im ersten Stock der Hauptburg ist das Münsterland-Museum untergebracht, das nicht nur die Geschichte der Adelsherren im Laufe der Jahrhunderte auf der trutzigen Burg illustriert, es bietet auch eine Vielzahl von Exponaten zur Heimatgeschichte der Region. Von Pferden wird noch die Rede sein, kein Wunder also, dass das Münsterland-Museum auch eine Sammlung der gängigen Kutschen und Gespanne zeigt. Dass Museen nicht langweilig sein müssen, beweist eine Ausstellung zum Thema Ritter und Pferde, die speziell für Kinder konzipiert ist. Einmal in Lüdinghausen empfiehlt sich auf jeden Fall auch noch der Besuch der Burg Lüdinghausen mit ihren aufwändig restaurierten Innenräumen im Renaissance-Stil. Burg Lüdinghausen bietet darüber hinaus regelmäßig Ausstellungen vornehmlich zeitgenössischer Künstler.

Burg Vischering
Berenbrock 1
59348 Lüdinghausen
Tel.: (02591) 79900
www.burg-vischering.de

Burg Lüdinghausen
Amthaus 4
59348 Lüdinghausen
Tel.: (02591) 926176
www.burg-luedinghausen.de

Das Burgenland Westfalens

Versailles mitten in Westfalen: Schloss Nordkirchen

Das Prächtigste

Schloss Nordkirchen ist das größte Wasserschloss Westfalens und wird nicht von ungefähr als „Westfälisches Versailles" bezeichnet. Das heutige Gebäude geht zurück bis ins 16. Jahrhundert. Fast 400 Jahre lang wurde das Schloss von seinen verschiedenen Besitzern um- und ausgebaut, bis Schloss Nordkirchen zwischen 1909 und 1914 auf seine heutige Größe ausgebaut wurde. Seit 1959 befindet sich Schloss Nordkirchen im Besitz des Landes Nordrhein-Westfalen, das hier den Finanzamts-Nachwuchs ausbilden lässt. Finanzbeamte des gehoben Dienstes studieren hier drei Jahre lang, bevor sie dann das hochherrschaftliche Anwesen mit Hörsälen und Seminarräumen gegen die nüchternen Amtstuben eines Finanzamts tauschen müssen. Gott sei Dank sieht man dem prächtigen Schloss von außen nicht an, das sich hinter seinen Mauern das Meiste um den schnöden Mammon dreht und die Verfahren, ihn aus den Taschen der Bürger in die Kassen des Landes und seiner Kommunen zu verfrachten. Ob die UNESCO von der Hauptnutzung des Schlosses weiß? Immerhin hat sie Schloss Nordkirchen mit seinem 1000 Hektar großen Park als „Gesamtkunstwerk von internationalem Rang" unter besonderen Schutz gestellt. Hat man je davon gehört, dass die UNESCO uns Steuerzahler unter besonderen Schutz gestellt hätte!? Aber sind wir großzügig, das „Westfälische Versailles" ist wirklich eines der Highlights im Münsterland!

Schloss Nordkirchen
Schlossstraße 1
59394 Nordkirchen
Tel.: (0 25 96) 52 88 48
www.schloss-nordkirchen.de

Das Sportliche

Schloss Westerwinkel in Ascheberg glänzt nicht als Schauplatz weltpolitischer Weichenstellungen. Wenn etwas an der Geschichte des Schlosses außerordentlich ist, dann sind es die wechselnden Besitzverhältnisse der fast ein bisschen versteckt gelegenen Immobilie. Ge- und verkauft, ver- und gekauft, die Liste der Herrschaften auf Schloss Westerwinkel füllt ein Buch. Ähnlich wie Burg Vischering ist Schloss Westerwinkel auf zwei Inseln gebaut, die von Wäldern umgeben sind. Das barocke Wasserschloss und seine Parkanlagen, einst als englischer Garten angelegt, sind heute vor allem als Sportstätte bekannt und geschätzt, wobei die baulichen Veränderungen, die Schlossanlage und Park durch die Errichtung eines 18-Loch-Golfplatzes erfuhren, nicht ganz unumstritten sind. Café und Restaurant machen Schloss Westerwinkel darüber hinaus zu einem beliebten Rastplatz für Radwanderer, Jogger und Spaziergänger. Wer hier Idylle sucht, könnte an sonnigen Sommertagen das Gegenteil finden.

Schloss Westerwinkel
Horn-Westerwinkel 1
59387 Ascheberg
Tel.: (0 25 99) 9 88 78
www.muensterland-tourismus.de

Schloss Westerwinkel:
Golf-Domäne und Radwandererziel

Einfach mal blaumachen

mente stammen aus dieser Zeit. Bei Führungen durch die Manufaktur kann man den besten Blaumachern des Münsterlandes über die Schulter schauen, was nicht heißt, dass in puncto Technik oder der genauen Zusammensetzung der Farben gut gehütete Familiengeheimnisse gelüftet werden. Niemand kann so gut blaumachen wie die Kentrups, und das soll auch so bleiben.

Blaudruckerei Kentrup
Kirchplatz 8 • 48301 Nottuln
Tel.: (0 25 02) 9 01 18 11 • www.kentrup.eu

Tipp von Tamina

Ich liebe so alte Handwerkstechniken wie die Blaudruckerei und eine Tischdecke aus dem Laden der Manufaktur ist schon etwas Besonderes. Mit etwas Geschick und einer Portion Geduld kann man aber auch selbst zum Blaudrucker werden. Ein bisschen Recherche im Internet und man stößt schnell auf Kurse für Anfänger. Mit zwei bis drei Modeln kann man schon eine Menge Motive zaubern und auch wenn die Serviette oder die Tischdecke hinterher nicht so ganz perfekt ist, es sind auf jeden Fall Unikate.

Dabei ist das gar nicht so einfach mit dem Blaumachen. Wenn man wissen will, wie es am besten geht, dann empfiehlt sich ein Besuch in Nottuln in der ältesten Blaudruckerei Nordrhein-Westfalens. Bereits in siebter Generation üben die Kentrups das Handwerk der Blaudruckerei aus, bis heute das Meiste in traditioneller Handarbeit. Mit Modeln, einer Art Stempel, werden die Motive kunstvoll von Hand auf die Textilien gedruckt. Der Blaudruck selbst kam im 17. Jahrhundert über Holland aus Indien, wo der blaue Farbstoff aus der Indigopflanze gewonnen wird. Viele der bis heute verwendeten Muster und Orna-

Handwerk mit langer Tradition:
die Blaudruckerei in Nottuln

Münsterland – Pferdeland

Keine andere Stadt im Münsterland, vielleicht in ganz Deutschland steht so sehr für Pferde und Pferdesport wie Warendorf. Eigentlich müsste der 40 000 Einwohner zählende Ort längst Pferdedorf heißen. Das Münsterland darf von sich behaupten, eines der erfolgreichsten Pferdezuchtgebiete der Welt zu sein. Dazu trägt Warendorf sicherlich einen bedeutenden Anteil bei und hier vor allem das Nordrhein-Westfälische Landgestüt. Seit 1826 werden hier genetisch besonders hervorstechende Hengste gezogen, die den Züchtern im Land gegen ein so genanntes „Deckgeld" zur Verfügung gestellt werden. Dabei hat sich der „Kundenstamm" des Warendorfer Landgestüts mittlerweile deutlich erweitert. Züchter aus der ganzen Welt lassen in Warendorf kleine Münsterländer zeugen. 100 Hengste sind hier auf 18 Deckstationen zwischen Februar und August im Einsatz. Ist das Jahrespensum absolviert, stehen die Hengste im Mittelpunkt der alljährlichen Warendorfer Hengstparaden Ende September bis Anfang Oktober.

Hoch zu Ross ist hoch im Kurs im Münsterland

Nicht nur für Pferdefreunde ein außergewöhnliches Erlebnis. Jedes Jahr kommen viele tausend Besucher zu diesen Paraden.

Tipp von Tamina

Er ist einer der Stars in Warendorf, Georg Frerich. Wenn er als August Schulte Quaterkamp mit seinem Kaltblüter „Hurrican" die hohe Kunst der Dressur präsentiert, bleibt kein Auge trocken. Das kann man nicht beschreiben, seine Parodien in Reimform muss man einfach erlebt haben. Und wenn er dann auf Hurrican die Hohe Schule der Dressur persifliert, dann stellt man ganz nebenbei fest, dass Münsterländer weder stur noch humorlos sind. Ganz im Gegenteil, wie es August Schulte Quaterkamp beweist! Herrlich!

Das Burgenland Westfalens

Eine der letzten frei lebenden Pferdeherden, die Dülmener Wildpferde

Wilder Westen inklusive

Wir bleiben noch bei den Pferden des Münsterlandes, wechseln aber Rasse und vor allem die Art der Haltung. Im Meerfelder Bruch bei Dülmen ist sie zuhause, eine der letzten frei lebenden Wildpferdherden Europas. Wer die Tiere aus der Nähe sehen will, sollte sich unbedingt einer der geführten Touren anschließen. Die etwa 380 Tiere leben ganzjährig frei und sich selbst überlassen im Merfelder Bruch, lediglich in strengen Wintern werden sie zusätzlich mit Heu oder Silage gefüttert. Am letzten Samstag im Mai erlebt Dülmen einen der Höhepunkte im Veranstaltungsjahr des Münsterlands. Dann werden sämtliche Junghengste von der Herde getrennt und in ein Gatter getrieben. Hier werden sie von Freiwilligen in der traditionellen Kiepenkerl-Kluft eingefangen. Das Einfangen geschieht traditionell von Hand, wobei unfreiwillige Einlagen zur Gaudi des Publikums vorprogrammiert sind. Die Hengste werden dann versteigert, um Inzucht innerhalb der Herde zu vermeiden.

Dülmener Wildpferde
Herzog von Croy'sche Verwaltung
Schlosspark 1
48249 Dülmen
Tel.: (02594) 9630
www.wildpferde.de

Das sind ja wohl die Gipfel

So flach das Münsterland ist, so sicher hat es jedoch seine Gipfel, die Baumberge. Der kleine Höhenzug zwischen Coesfeld, Nottuln, Billerbeck und Havixbeckt erhebt sich immerhin bis zu 187,61 m über dem Meeresspiegel. Mit Bäumen haben die Baumberge übrigens nichts zu tun, auch wenn hier welche wachsen. Der Name geht zurück auf den Begriff „Bomberg", eine Verschmelzung aus dem altdeutschen „Bo" für Hof oder Haus und Odin. Die Baumberge, das Haus Odins? Sollte sich der germanische Gott ausgerechnet da niedergelassen haben, wo doch der Teufel höchstpersönlich am Werke war? Der soll nämlich die Baumberge geschaffen haben. Vor Millionen von Jahren waren sie demnach ein Meer voller Seeigel und lagen im heutigen Spanien. Dann spielte der Teufel aus Langeweile Kontinentalverschiebung und bugsierte das spanische Sandsteingebilde kurzerhand ins Münsterland. Apropos Sandstein, der Baumberger Sandstein ist ein beliebter Baustoff, der seit rund 1000 Jahren hier abgebaut wird. Im Sandsteinmuseum Havixbeck kann man nicht nur bewundern, was man aus dem Stein alles machen kann bzw. gemacht hat, man kann sich bei Bildhauer-Schnupperkursen selbst am Sandstein versuchen. Mit Schnuppern allein ist es dabei aber nicht getan, Hammer und Meißel sind mit von der Partie.

Sandsteinmuseum Havixbeck
Gennerich 9
48329 Havixbeck
Tel.: (0 25 07) 47 40
www.sandsteinmuseum.de

Tipp von Tamina

Weitaus bequemer als ein Kurs mit Hammer und Meißel ist eine Kanutour auf der Werse. Die Werse entspringt bei Beckum und mündet nach 67 Kilometern bei Münster in die Ems. Ein herrliches, kleines Flüsschen, stellenweise glaubt man sich im Urwald Südamerikas! Die Werse ist so strömungsarm, dass man sie sogar in beide Richtungen befahren kann. Sie können bei der Pleistermühle, einem beliebten Ausflugslokal, Ihre Tour beginnen und auch dort beenden und sich dann mit Kaffee und Kuchen belohnen. Ehrlich gesagt, ist die Fahrt selber aber auch schon eine Belohnung! Die Werse kann ich nur empfehlen!

Touristische Informationen

Tourismus NRW e.V.
Völklinger Straße 4
40219 Düsseldorf
Tel.: (0211) 91320500
www.nrw-tourismus.de

Eifel

Eifel Tourismus GmbH
Kalvarienbergstraße 1
54595 Prüm
Tel.: (0551) 96560
www.eifel.info

Nordeifel Tourismus GmbH
Bahnhofstraße 1353925 Kall
Tel.: (02441) 994570
www.nordeifel-tourismus.de

Monschauer Land Touristik e.V.
Seeufer 3
52152 Simmerath
Tel.: (02473) 93770
www.eifel-tipp.de

Sauerland

Sauerland-Tourismus e.V.
Bad Fredeburg
Johannes-Hummel-Weg 1
57392 Schmallenberg
Tel.: (02974) 96980
www.sauerland.com

Tourist-Information Winterberg
Am Kurpark 4
59955 Winterberg
Tel.: (02981) 925027
www.winterberg.de

Niederrhein

Niederrhein Tourismus GmbH
Willy-Brandt-Ring 13
41747 Viersen
Tel.: (02162) 817903
www.niederrhein-tourismus.de

Ruhrgebiet

Ruhr Tourismus GmbH
Centroallee 261
46047 Oberhausen
Tel.: (01806) 181620
www.ruhr-tourismus.de

Münsterland

Münsterland e.V.
Airportallee 1
Am FMO Flughafen Münster/Osnabrück
48268 Greven
Tel.: (02571) 949300
www.muensterland-tourismus.de

Münster Marketing
Klemensstraße 10
48143 Münster
Tel.: (0251) 4922702
www.muenster.de

Bergisches Land

Stadtverwaltung Wuppertal
Rathaus Barmen
Johannes-Rau-Platz 1
42275 Wuppertal
Tel.: (0202) 5630
www.wuppertal.de

Wuppertal Touristik
City-Center
Schloßbleiche 40
42103 Wuppertal
Tel.: (0202) 19433
www.wuppertal.de

Teutoburger Wald

OstWestfalenLippe GmbH
Fachbereich Teutoburger Wald Tourismus
Jahnplatz 5
33602 Bielefeld
Tel.: (0521) 9673325
www.teutoburgerwald.de

Rheinland

Köln Tourismus GmbH
Kardinal-Höffner-Platz 1
50667 Köln
Tel.: (0221) 346430
www.koelntourismus.de

Düsseldorf Marketing & Tourismus GmbH
Benrather Straße 9
40213 Düsseldorf
Tel.: (0211) 172020
www.duesseldorf-tourismus.de

Tourismus Siebengebirge GmbH
Drachenfelsstraße 51
53639 Königswinter
Tel.: (02223) 917711
www.siebengebirge.com

Bildnachweis

Fotografen

Bayer, Christoph, 104; Bigge, Mathias, 123; Boll, Thomas, 170–171; Derks, Alfred, 154; Gassen, Helmut, 13; Gesing, Gitta, 188; Glader, Hans, 136–137, 145, 147, 148–149; Grote, Claudia, 109; Grotzke, Markus, 67; Hamacher, Karl-Heinz, 140 u., 141–142, 143 o. und mi.; Hessmann, Bruno, 174; Homrighausen, Jörg, 95; Kersten, Jörg, 178; Klimke, Oliver, 98 o.; Knäpper, Rainer, 163 o.; Knorra, Joachim, 89; Landwehr, Veit, bildpark@bildpark.net, 43 u.; Macharski, Christian, 139; Machoczek, Thomas, 118–119; Mahlmann, Arthur, 162; Malzbender, Peter, 150; Marquardt, Sven, 183; Muff, Matthias, 47; Müller, Wilfried, 70; Otto, Reinhard, 71 u.; Padberg, Astrid, 80; Palma, Gabriele, 176; Piepenbring, Rolf, 182 u.; Priske, G., 15 li. und mi.; Rauscher, Michael, 150 u.; Ritzenhofen, Dieter, 24; Sartoris, Irene, 27 u.; Schmalen, M., 73 mi. und re.; Schmidt, Dr. Peter, 185 u.; Schmidt, Gerd O., 71 o.; Schnepf, Lothar, 43 li. und mi. re.; Schwen, Daniel, 165, 168; Sensen, Stephan, 110; Spekking, Raimond, 131 li.; Tesche, Siegfried, 21 re.; Weingartz, Hans, 17 re.; Weyrich, Hergen, 75; Wilden, S., 15 re.; Wippermann, Heike, 134 u.; Wolf, Thomas, www.foto-tw.de, 36

Bildarchive

© 2014 Freizeitzentrum Xanten GmbH, 153; © AG Zoologischer Garten Köln / Fotograf: Rolf Schlosser, 45; © Archiv Museum Eslohe, 106; © Attendorner Tropfsteinhöhle, 108 re.; © Beethoven-Haus, Bonn, 33; © Blaudruckerei Kentrup, 186; © by Stadt Mühlheim an der Ruhr, 128; © Bytfisch, 94; © Credit: Museum Ludwig, Foto: Lee M., 41; © Cyrill-Aaron Quester, 40 re.; © Dampftrain, 100; © DBM, 117; © Deutsche Kultur & Sport Marketing GmbH, 44; © Dombauhütte Köln / Foto: Matz und Schenk, 37–38; © Düsseldorf Marketing & Tourismus GmbH, 6, 28–29, 51–59, 61; © farbanalyse, 43 o. re.; © Foto Presseamt Münster / Münster View, 172, 177; © Foto Presseamt Münster / Tilman Roßmöller, 175; © Foto: Axel Thünker DGPh, 152; © Foto: Björn Lülf/Touristik und Stadtmarketing Olsberg GmbH, 132 u.; © Foto: DPA, 46; © Foto: Greifvogelstation Hellenthal, 18; © Foto: Heinz-Dieter Wurm, Dr. Janusch medien service, 111; © Foto: J. Gregori/LVR, 23 u.; © Foto: LWL-Industriemuseum: Annette Hudemann, 114–115; © Foto: LWL-Industriemuseum: Waltrop, 122; © Foto: M. Faber/LVR, 22 li., 23 o. re.; © Foto: M. Lang/pp/Agentur ProfiPress, 22 li.; © Foto: Markus Kaiser (Selfkantbahn), 143; © Foto: Martin Jermann/F.G. Zeitz Kunstverlag, 25; © Foto: Stiftung Museum Schloss Moyland/Lokomotiv.de, 151; © Foto: U. Herborg-Oberhäuser/LVR, 23 o. li.; © Frank Vinken / Stiftung Zollverein, 112–113; © Galileo-Park, 107 re.; © Gemeinde Nordkirchen, 184; © GHW-Klettergarten, 79; © Grenzland-Draisine GmbH, 68; © Grüner Zoo Wuppertal, 66; © Historische Senfmühle Monschau, 20; © Hotel Augustiner Kloster, 21 li.; © Jochen Tack / Stiftung Zollverein, 120 o., 121; © Kloster Bentlage GmbH, 161; © KölnTourismus GmbH / Foto: Dieter Jacobi, 50; © KölnTourismus GmbH / Foto: Udo Haake, 35; © Kräuterey Lützel, 97 u.; © Landesverband Lippe, 158–159; © Landesvereinigung der Milchwirtschaft NRW e.V., 76 re., 77; © Landwirtschaftlicher Verein Reiste e.V., 105 u.; © LVR-Industriemuseum, J. Hoffmann, 73 li.; © LWL-Freilichtmuseum Detmold/Jähne, 166 re.; © LWL-Freilichtmuseum Detmold/Sánchez, 166 li., 167; © LWL-Freilichtmuseum Hagen, 124–125; © Malchen53, 78; © Marku1988, 135; © Matthias Duschner / Stiftung Zollverein, 120 u.; © Mehr! Entertainment GmbH, 126, 127 o.; © Monschau-Touristik GmbH, 16, 19; © Movie Park Germany, 129; © Münsterland e.V., 173 li., 180–181, 182 o.; © Naturgut Ophoven / Foto: Dr. Hans-Martin Kochanek, 81 re.; © Naturgut Ophoven / Foto: Holger Schmitt, 81 li.; © NRW Landgestüt, 187; © Obenrüdener Kotten, 72; © Odo, 176; © Palgreen, 90; © Ralph Richter, Düsseldorf, 60; © reineke fuchs, 97 o.; © Rheinland-Pfalz Tourismus GmbH, 10–11; © Römisch-Germanisches Museum, 42; © Rostinger Hof, 32 u.; © Rothaarsteigverein e.V. / K.-P. Kappset, 91–93; © RuhrtalRadweg, 133; © Rureifel-Tourismus e.V., 14; © Sandsteinmuseum / Foto: Johanna Schindler, 189; © Sauerland-Höhenflug/Kerstin Berens, 96 re., 102, 105 o. li., 107 li.; © Sauerland-Tourismus e.V. / Jürgen Fischbach, 82–83; © Sauerland-Tourismus e.V./sabrinity.com, 101; © Schokoladenmuseum Köln GmbH, 39; © Sharps, 160; © Sir James, 34; © Skilanglaufzentrum Hochsauerland Westfeld-Ohlenbach, 85; © Stadt Bad Münstereifel, 26 u.; © Stadt Wuppertal|Medienzentrum, 68–69; © Steffenshammer, 62–63, 74; © Stiftung Burg Ravensberg, 163 u.; © Stiftung Industriedenkmalpflege und Geschichtskultur und Harald Priem, 116 re.; © Stiftung Industriedenkmalpflege und Geschichtskultur und Manfred Vollmer, 116 li.; © Tourismus Siebengebirge GmbH, 30–31, 32 o.; © Touristik und Stadtmarketing Olsberg GmbH, 132 o.; © Touristik-Gesellschaft Medebach GmbH, 103; © Wallfahrtsleitung Kevelaer, 156–157; © Wallraf-Richartz-Museum, 40 li.; © WDR / Annika Fußwinkel, 49 u. re.; © WDR / Claus Langer, 49 o. re.; © WDR / C.Voss-Schuler, 9 u. li.; © WDR / D.Michel / B.Fürst-Fastré, 9 o. re.; © WDR / Frank Dicks / Simone Szymanski, 8 u.; © WDR / Lena Heckl, 49 u. li.; © WDR / R.Hofer, 8 o., 9 o. li.; © WDR / Schmitt Menzel / Streich, 49 o. li.; © WDR / Thomas Rosteck, 9 u. re.; © Westdeutsches Wintersport Museum e.V., 87; © Wildwald Vosswinkel, 88; © Wirtschafts- und Tourismus GmbH Möhnesee, 134 o.; © WSW, 65; © Wupper-Kanu-Touren, 76 li.; © ZOOM Erlebniswelt Gelsenkirchen, 130

Die übrigen Abbildungen stammen aus den Archiven des Verlags und des Autors.

Der Verlag hat sich um die Beachtung der gesetzlichen Vorschriften bezüglich des Copyrights bemüht. Wer darüber hinaus noch annimmt, Ansprüche geltend machen zu können, wird gebeten, sich an den Verlag zu wenden.